# PART1. 부동산학총론

## 표준산업분류

(1) 표준산업분류상 부동산업
   → 임대 및 공급업 | 관련 [          ]업

(2) 관련 서비스업
   → [          ], 중개, 자문 및 평가업

(3) 부동산 개발 및 공급업은 어디에 포함?
   → [임대 및 공급업 vs 관련 서비스업]

(4) 부동산 투자 및 금융업은
   → 부동산업에 포함 [된다 vs 안 된다]

## 복합개념

(5) 복합개념 : 법률적, 경제적, [          ]개념

(6) 유형적 = [          ]개념 = 물리적 개념

(7) 기술적 : 공간, 자연, [          ], [          ]

(8) 자본 : [물리적 vs 경제적] 개념

(9) 위치 : [기술적 vs 경제적] 개념

(10) 환경 : [기술적 vs 경제적 ]개념

(11) 물리적 측면의 부동산
   → 생산요소, 자산, 공간, 자연 [○, ×]

(12) 공간적 측면의 부동산
   → 지하, 지표, 공중 [○, ×]

(13) 토지는 생산재이다. [○, ×]
    토지는 소비재이다. [○, ×]

## 복합개념 중 법률적 개념

(14) 법률적 개념
   → [          ]의 부동산 + [          ]의 부동산

(15) 협의의 부동산 = 좁은 의미
   → [          ]상 부동산

(16) 「민법」상 부동신
    토지 및 그 [

(17) 소유권의 내용은?
   → [          ], [          ], [          ]권

(18) 소유권의 범위는?
   → 정당한 이익범위내 [          ]에 미침

(19) 토지의 소유권 공시방법
   → [등기 vs 점유]에 의함

(20) 민법상 정착물
   → 토지의 일부 : [          ]정착물
   → 토지와 서로 다른 : [          ]정착물

(21) 교량 및 담장 : [종속 vs 독립]정착물

(22) 구거(溝渠)
   → [종속정착물 vs 독립정착물 vs 동산]

(23) 소유권 보존등기된 입목
   → [종속정착물 vs 독립정착물]

(24) 명인방법을 구비한 수목
   → [종속정착물 vs 독립정착물]

(25) 권원에 의하여 타인의 토지에서
    재배중인 농작물 → [          ]정착물

(26) 가식(假植)중인 수목
   → 정착물 취급 [된다 vs 되지 않는다]

(27) 경작 수확물은 [정착물 vs 동산]이다.

(28) 광의의 부동산 = 협의 + [          ]부동산

(29) 준부동산 : 부동산과 유사한 공시방법
   → [          ,          ]의 공시방법

(30) 공장재단은 [          ]부동산이다.

(31) 공장재단은
   → [좁은 vs 넓은]의미의 부동산

(32) 공장재단은 [법률적 vs 경제적] 개념

(33) 토지와 건물이 일체거래 되는 부동산
  → [복합개념 vs 복합부동산]

## 부동산의 분류 : 토지의 분류

(34) 인공수로 : [구거 vs 유지]

(35) 주거용, 상업용, 공업용 : [        ]

(36) 도로, 하천등의 바닥토지 : [        ]

(37) 임지·농지·택지지역 상호간 전환중
  → [후보 vs 이행]지

(38) 택지·농지·임지지역 내에서 전환중
  → [후보 vs 이행]지

(39) 소유권이 인정되지 않는
  바다와 육지사이 해변 : [        ]

(40) 택지경계, 경사토지 : [        ]

(41) 고압 송전로 아래토지 : [        ]

(42) 지번, 등기, 등록단위
  → [필지 vs 획지]

(43) 가격수준이 비슷한 일단의 토지
  → [필지 vs 획지]

(44) 건폐율등의 제한으로 남겨둔 토지
  → [나지 vs 공지 vs 빈지]

(45) 건부지중 건물을 제외하고 남은 토지
  → [나지 vs 공지 vs 빈지]

(46) 나지
  → 건물 [ ], 사법 [ ], 공법 [ ]

(47) 건부감가 : 나지가격 [    ] 건부지가격

(48) 도로에 직접 연결되지 않은 토지?
  → [나지 vs 공지 vs 맹지]

(49) 자연 상태 그대로 : [빈지 vs 소지]

(50) 물에 침식되어 수면아래로 잠긴
  → [빈지 vs 포락지 vs 소지]

(51) 지반이 무너져 바다나 하천으로 변한
  → [빈지 vs 포락지 vs 소지]

(52) 개발되기 이전의 토지 : [        ]

(53) 지가공시를 위해 : [표준지 vs 표본지]

(54) 지가변동률 기준 : [표준지 vs 표본지]

(55) 지력회복, 정상적 휴식
  → [유휴지 vs 휴한지]

## 부동산의 분류 : 주택의 분류

(56) 다중주택
  층수[    ]개↓, 바닥면적 [        ]m² ↓

(57) 다가구주택 : 주택층수 [    ]개층이하
  바닥면적 660m² [이하 vs 초과]

(58) 다세대주택 : 주택층수 [    ]개층이하
  바닥면적 660m² [이하 vs 초과]

(59) 연립주택 : 주택층수 [    ]개층 이하
  바닥면적 660m² [이하 vs 초과]

(60) 학교, 공장 등의 학생 또는 종업원~
  → [다중주택 vs 기숙사]

(61) 학생 또는 직장인 등 장기 거주구조
  → [다중주택 vs 기숙사]

(62) 도시형생활주택 : [        ]세대 미만

(63) 주택조합: 직장주택조합, 지역주택조합
  [              ] 주택조합

**토지의 특성**

(64) 지리적 위치의 고정성 : 부[　　　]성

(65) 토지의 완전한 대체제약 : [　　　]성

(66) 생산비 투입하여 생산불가 : [　　　]성

(67) 이질성 : [부동성 vs 부증성 vs 개별성]

(68) 소모이론의 불성립 : [　　　　　]성

(69) 토지이용 국지화 : [부동 vs 부증]성

(70) 토지이용 집약화 : [부동 vs 부증]성

(71) 외부효과 : [부동 vs 부증 vs 영속]성

(72) 부동산 활동의 장기배려 : [　　　]성

(73) 동산과 부동산 구분 : [부동 vs 부증]성

(74) 토지의 가치보존력 높음 : [　　　]성

(75) 임장활동 중시 : [　　　　]성

(76) 지역분석의 필요성 : [부동 vs 부증]성

(77) 일물일가 배제 : [영속성 vs 개별성]

(78) 지대 및 지가의 발생 : [　　　]성

(79) 지자체의 조세수입 : [　　　　]성

(80) 독점소유욕의 증대 : [부동 vs 부증]성

(81) 수익환원법의 근거 : [　　　]성

(82) 장기투자를 통한 소득 및 자본이득
　　→ [부동성 vs 영속성]성과 관련

(83) 부증성으로 인하여
　　토지의 [물리적 vs 경제적] 공급불가

(84) 토지의 [물리적 vs 용도적] 공급은
　　장·단기적으로 완전비탄력적이다.

(85) 토지의
　　→ 용도적·경제적 공급 [가능 vs 불가]

(86) 개간, 매립, 간척을 통한 토지공급
　　→ 부증성의 [예외○, 예외×]

(87) 토지의 물리적 감가: [적용 vs 배제]

(88) 토지의 경제적 감가 : [있다 vs 없다]

# PART2. 부동산 경제론

## 부동산 수요공급 기본

(89) 수요량(Qd)은
　　[실제로 구매한 vs 구매하고자 하는]양

(90) 공급량(Qs)은
　　[실제로 매도한 vs 매도하고자 하는]양

(91) 부동산 수요 : 구매의사 + 구매능력
　　→ [　　　　]수요

(92) 부동산 수요 : 일정기간 값
　　→ [유량 vs 저량]

## 유량(flow)과 저량(stock)의 구분

(93) 가계자산 : [유량 vs 저량]

(94) 가계소비 : [유량 vs 저량]

(95) 통화량 : [유량 vs 저량]

(96) 자본총량 : [유량 vs 저량]

(97) 신규주택 공급량 : [유량 vs 저량]

(98) 투자회사의 순자산가치 [유량 vs 저량]

## 수요(공급)함수, 법칙, 곡선등

(99) 수요량 및 수요량에 영향을 주는 원인
　　과의 관계를 [　　　　]라고 한다.

(100) 수요법칙
→ 가격과 수요량의 [정 vs 반]비례

(101) 공급법칙
: 가격상승 → 공급량 [증가 vs 감소]

(102) 시장수요는 개별수요의
[수평적 vs 수직적] 합계이다.

(103) $2Q_{S1} = 30 + P$ (전)
$Q_{S2} = 30 + P$ (후)로 변함
→ 기울기 변화 : [          ]만큼 감소

(104) 해당 주택가격변화
→ 수요 [곡선상 vs 곡선자체]변화

(105) 가격이외 요인
→ 수요 [곡선상 vs 곡선자체]변화

(106) 가격하락예상
→ 수요[곡선상 vs 곡선자체]변화

(107) 담보대출 금리하락
→ 수요[곡선상 vs 곡선자체]

(108) 소득이 변하여 곡선이동
→ [수요 vs 수요량]의 변화

(109) 해당 부동산의 가격상승은
→ 수요곡선을 좌측으로 이동 [○, ×]

### 수요 및 공급변화요인

(110) 대출금리 상승 : 수요 [좌 vs 우]측

(111) 거래세율 인상 : 수요 [증가 vs 감소]

(112) 가격상승 기대감 : 수요 [좌 vs 우]측

(113) 선호도 감소 : 수요 [좌 vs 우]측

(114) 정부 보조금 축소 : 공급 [        ]

(115) 건설기술 개발에 따른 원가절감
→ 공급곡선 [좌측 vs 우측]이동

(116) 건축원자재 가격의 상승
→ 공급곡선 [좌측 vs 우측]이동

(117) 건설노동자의 임금상승
→ 균형가격 [상승 vs 하락]요인

(118) 주택건설업체수의 감소
→ 공급곡선 [좌측 vs 우측]이동

(119) 주택건설용 토지의 가격하락
→ 공급곡선 [좌측 vs 우측]이동

(120) 대체재 수요증가: 수요 [증가 vs 감소]

(121) 대체주택 수요감소 : 균형가격 [      ]

(122) 대체주택 가격하락 : 수요 [      ]

(123) 아파트의 가격이 상승하면, 대체재인
빌라수요는 [      ], 가격은 [      ]

(124) 보완재 가격하락: 수요 [증가 vs 감소]

### 균형의 이동

(125) 수요불변, 공급감소
→ 균형가격 [      ], 균형양 [      ]

(126) 공급불변, 수요증가
→ 균형가격 [      ], 균형양 [      ]

(127) 공급증가 〉수요증가
→ 균형가격 [      ], 균형양 [      ]

(128) 수요감소 〉공급감소
→ 균형가격 [      ], 균형양 [      ]

(129) 수요증가 〉공급감소
→ 균형가격 [      ], 균형양 [      ]

(130) 수요감소 = 공급감소
→ 균형가격 [      ], 균형양 [      ]

## 수요 및 공급의 가격탄력성 [기본개념]

(131) 수요의 가격탄력성
→ [　　　]변화율에 대한 [　　　]변화율

(132) 가격 변화시
: 수요량이 전혀 변하지 않는다
→ [완전비탄력적 vs 완전탄력적]

(133) 수요가 비탄력적이라면
→ 가격변화율 [　　] 수요량변화율

(134) 수요의 가격탄력성이 1보다 작다면
→ 수요는 [비탄력적 vs 탄력적]

(135) 수요가 단위탄력적이라면
→ 수요의 가격탄력성은 [　　　]

(136) 수요가 탄력적이라면
→ 가격변화율 [　　] 수요량변화율

(137) 수요가 완전탄력적이라면
→ 수요량이 [무한대로 변화 vs 불변]

(138) 공급의 가격탄력성이 0이면
→ [완전비탄력적 vs 완전탄력적]

(139) 가격변화율 〈 공급량의 변화율
: 탄력성은 1보다 [크다 vs 작다]
: 공급은 [탄력적 vs 비탄력적]

(140) 공급곡선이 수직선이면
→ [완전비탄력적 vs 완전탄력적]

(141) 수요곡선이 수평선이라면
→ [완전비탄력적 vs 완전탄력적]

(142) 수요함수가 P=200이라면
수요는 [완전비탄력 vs 완전탄력적]

(143) 오피스텔 가격이 4% 상승
오피스텔 수요의 탄력성 2.0이라면
수요량 변화율? [　　](증가 vs 감소)

## 수요 및 공급의 가격탄력성 결정요인

(144) 대체재 감소
→ 탄력성이 [커진다 vs 작아진다]

(145) 주거용에 비해 공업용이
[탄력적 vs 비탄력]적 이다.

(146) 지역별로 세분화할수록
→ [탄력적 vs 비탄력]

(147) 재화의 용도가 다양할수록
→ [탄력 vs 비탄력]적이 된다.

(148) 관찰(측정)기간 길어질수록
→ [탄력 vs 비탄력]적이 된다.

(149) 건축하여 공급하는 기간이 짧을수록
→ 탄력성 [커짐 vs 작아짐]

(150) 생산소요시간이 길수록
→ 탄력성 [커짐 vs 작아짐]

(151) 단기에서 장기로 갈수록
→ 곡선기울기는 [완만 vs 급해짐]

(152) 단기에서 장기로 갈수록
탄력성 [커진다 vs 작아진다]

## 탄력성과 수입

(153) 탄력성이 1보다 작을 때,
임대료가 상승하면 임대수입은? [　　]

(154) 탄력적일 때 임대수입 증진을 위해서?
→ 임대료 [상승 vs 하락]이 유리

(155) 수요의 가격탄력성 = 1
→ 임대료 하락시 수입은? [　　　]

## 소득탄력성, 교차탄력성

(156) 소득탄력성은
[    ]변화율에 대한 [       ]변화율

(157) 교차탄력성은
[    ]변화율에 대한 [       ]변화율

(158) 아파트 가격이 10% 상승할 때
빌라의 수요가 5% 증가하면
교차탄력성은? [       ]
아파트와 빌라의 관계는? [       ]

(159) 아파트 가격이 10% 상승할 때
단독주택 수요가 5% 감소하면
교차탄력성은? [       ]
아파트와 단독주택 관계는? [       ]

## 부동산 공급의 특수성

(160) 토지의 물리적 공급 : [가능 vs 불가]

(161) 토지의 물리적 공급 : 완전 [       ]

(162) 토지의 물리적 공급의 탄력성 = [    ]

(163) 토지의 물리적 공급곡선 : [       ]선

(164) 토지의 경제적 공급 : [가능 vs 불가]

(165) 토지의 용도적 공급 : [가능 vs 불가]

(166) 토지의 경제적 공급곡선모양: [       ]

(167) 부동산의 물리적 공급
→ 단기 [       ], 장기 [       ]

## 탄력성과 균형의 변화

(168) 수요가 완전탄력적, 공급증가
→ 균형가격 [    ], 균형량 [       ]

(169) 공급이 완전비탄력, 수요증가
→ 균형가격 [    ], 균형량 [       ]

(170) 수요증가, 공급 탄력적
→ 균형가격 더 [크게 vs 작게] 상승

(171) 수요증가, 공급 비탄력
→ 균형가격 더 [크게 vs 작게] 상승

(172) 공급증가 시,
수요가 [탄력적 vs 비탄력적]일 때
→ 균형가격이 더 크게 변화함

## 부동산 경기변동

(173) 경기변동의 4국면
: 회복 → [       ] →[       ] →하향

(174) 경기상승이 지속되어 정점에 도달
→ [상향 vs 하향]시장

(175) 매년 12월이 되면 건축허가량이 감소
→ [계절적 vs 불규칙]변동

(176) LTV나 DTI 규제
→ [순환 vs 추세 vs 불규칙]변동

(177) 부동산 경기는 일반경기에 비해
주기가 [긴 vs 짧은] 편임

(178) 부동산 경기는
→ 저점이 [깊고 vs 얕고]
→ 정점이 [높은 vs 낮은]편

(179) 부동산 경기는 진폭이 [큰 vs 작은]편

(180) 부동산 경기는
→ [일정한 vs 일정하지 않은]
→ [분명한 vs 불분명한]

(181) 부동산 경기는 지역별로
[유사한 vs 다른]경향을 보임

(182) 상향시장
→ [매수자 vs 매도자] 주도
→ 기존가격 [상한선 vs 하한선]

(183) 하향시장
→ [매수자 vs 매도자] 주도
→ 기존가격 [상한선 vs 하한선]

(184) 후퇴시장은
→ [매수자 vs 매도자] 주도
→ 기존가격 [상한선 vs 하한선]

(185) 안정시장의 과거 사례가격은
→ 새로운 거래가격의 기준? [○, ×]

## 거미집이론

(186) 거미집이론의 전제
→ 수급관계 : [동시적 vs 시차존재]

(187) 균형 이동과정 : [정태적 vs 동태적]

(188) 거미집이론: 가격이 변하면
→ 수요량은 [즉각 vs 일정기간 후]
→ 공급량은 [즉각 vs 일정기간 후] 반응

(189) 수요 탄력성 〉 공급 탄력성
→ [발산 vs 수렴]형

(190) │수요기울기│ 〈 │공급기울기]
→ [발산 vs 수렴]형

(191) A시장 : $Qd = 200 - P$, $Qs = 100 + 4P$
→ [발산 vs 수렴]형

(192) B시장 : $2Qd = 500 - P$, $Qs = 200 + \frac{1}{2}P$
→ [발산 vs 수렴 vs 순환]형

# PART3. 부동산 시장론

## 부동산 시장의 특성과 관련된 지문

(193) 진입장벽이 [존재함 vs 존재하지 않음]

(194) 수급자 : [소수 vs 다수] : 불완전경쟁

(195) 정보의 [대칭성 vs 비대칭성] : 왜곡

(196) 특정 지역에 국한됨 : [          ]성

(197) 지역마다 ┉→ [같은 vs 다른] 가격형성

(198) 단기의 공급조절 [쉬운 vs 어려운] 편

(199) 단기보다 장기 탄력성 [큰 vs 작은]편

(200) 거래의 [공개성 vs 비공개성] 존재

(201) 정보의 [대칭 vs 비대칭]성 → 왜곡

(202) 개별성 → 표준화 [쉬움 vs 어려움]

(203) 이용의 [가역성 vs 비가역성]이 있음

(204) 개별성 → 공매도가 [빈번 vs 제한]

## 주택여과현상과 주거분리

(205) 주택여과 : 주택의 질적변화에 따른
→ 가구 [이동 vs 분리]현상

(206) 상위계층사용 → 하위계층사용으로
→ [상향 vs 하향]여과

(207) 저급주택 재개발 → 고소득층으로
→ [상향 vs 하향]여과

(208) 여과의 전제조건 : [        ]가 필요함

(209) 여과현상 : 주거의 질 [개선 vs 악화]

(210) 하향여과가 원활하게 작동
→ 저가주택의 공급 [증가 vs 감소]

(211) 고소득층과 저소득층의 주거지역분리
→ [            ]현상

(212) 주거분리 : [소득 vs 용도]에 따라

(213) 주거분리의 원인
→ [    ]의 효과 추구
→ [    ]의 효과 회피

(214) 고소득 주택 중 경계지역 인접
→ [할증 vs 할인]되어 거래

(215) 경계지역 주택 중 고소득 인접
→ [할증 vs 할인]되어 거래

(216) 경계지역 주택 중 저소득 인접
→ [할증 vs 할인]되어 거래

(217) 주택의 보수·개량비용 〉 가치상승분
→ [상향 vs 하향]여과과 일어남

## 효율적 시장이론

(218) 새로운 [        ]가 공표되었을 때
→ 얼마나 지체없이 가치에 반영?

(219) 준강성 효율적 시장
→ 공표된 정보는 반영 [○ vs ×]
→ 공표되지 않은 정보 반영 [○ vs ×]

(220) 강성 효율적 시장
→ 공표된 정보는 반영 [○ vs ×]
→ 공표되지 않은 정보 반영 [○ vs ×]

(221) 약성 효율적에서 과거정보 분석
→ 초과이윤 [있다 vs 없다]

(222) 준강성 효율적에서 현재정보 분석
→ 초과이윤 [있다 vs 없다]

(223) 준강성 시장에서 공표되지 않은 정보
→ 초과이윤 [있다 vs 없다]

(224) 강성시장에서 공표되지 않은
정보분석 → 초과이윤 [있다 vs 없다]

(225) 할당효율적 시장
→ 왜곡가능성이 [큰 vs 없는] 시장

(226) 부동산 = 불완전경쟁시장도
할당효율적일 수 [있다 vs 없다]

(227) 투기발생원인?
→ [ 시장이 불완전하기 때문 vs
→ 할당효율적이지 못하기 때문 ]

## 지대이론

### 구분

(228) 비옥한 토지의 희소성과
수확체감의 법칙을 전제
→ [리카도 vs 마르크스 vs 튀넨]

(229) 토지 소유(사유화)로 인해 지대발생
→ [리카도 vs 마르크스]의 이론

(230) 생산성 및 운송비의 차이강조
→ [리카도 vs 튀넨]의 이론

(231) 동심원이론, 고립국이론
→ [리카도 vs 마르크스 vs 튀넨]

(232) 농업의 입지경쟁을 입찰로 설명
→ [리카도 vs 마르크스 vs 튀넨]

(233) 도심의 토지이용을 입찰지대로 설명
→ [알론소 vs 마샬 vs 헤이그]

(234) 단기적으로 공급이 고정된
고정생산요소에 대한 대가
→ [리카도 vs 튀넨 vs 마샬]

(235) 지대 = 전용수입 + 경제지대
→ [알론소 vs 마샬 vs 파레토]

(236) 마찰비용 = 교통비 + 지대
→ [마샬 vs 파레토 vs 헤이그]

## 리카도의 차액지대설

(237) 한계지의 지대 [있다 vs 없다]

(238) 지대 = 가격 - 생산비 [○, ×]
→ 가격이 지대를 결정함

(239) 지대는 [비용이다 vs 잉여다]

## 마르크스의 절대지대설

(240) 최열등지의 지대는?
    → [발생한다 vs 발생하지 않는다]

(241) 한계지의 지주는
    → 지대를 요구할 수 [있다 vs 없다]

## 튀넨의 위치지대설

(242) 중심에 가까울수록 → [집약 vs 조방]

(243) 튀넨에 따르면 중심에서 멀어질수록
    → 수송비는 [증가 vs 감소]
    → 지대는 [높아짐 vs 낮아짐]

(244) 수송비와 지대는 → [정 vs 반]비례

(245) 지대 = 가격 – 생산비 – [        ]

## 알론소의 입찰지대

(246) 토지이용자 → [최대 vs 최저]지불액

(247) 초과이윤 = [0 vs 극대화]되는 수준

(248) 토지의 할당
    → [최대 vs 최저]지불능력 갖춘자

(249) 입찰지대곡선 정의
    → 가장 [높은 vs 낮은] 지대지불 연결

(250) 입찰지대곡선 성격 : [        ]선

(251) 입찰지대곡선 모양 : 우[상 vs 하]향

## 마샬의 준지대, 파레토, 헤이그

(252) 준지대의 종류?
    [        ], [        ], 개량공사이득

(253) 준지대는?
    → [영구적이다 vs 영구적이지 않다]

(254) 현재 용도에 지급되어야 하는 최소금액
    → [전용수입 vs 경제지대]

(255) 경제지대는 공급자의 [        ]다.

(256) 경제지대 = 총수입 – [        ]

(257) 공급이 비탄력적일수록
    → 경제지대는 [커짐 vs 작아짐]

(258) 교통수단이 나쁠수록
    → 마찰이 [커지고 vs 작아지고]
    → 지대는 [높아짐 vs 낮아짐]

## 입지 및 상권이론

### 구분

(259) 비용최소화 강조 : [베버 vs 뢰쉬]

(260) 최소운송비, 최소노동비, 집적이익
    → [베버 vs 뢰쉬]의 이론

(261) 수요측면의 공장입지
    시장확대가능성 → [베버 vs 뢰쉬]

(262) 중심지 크기에 따라 상권의 규모결정
    → [크리스탈러 vs 레일리 vs 허프]

(263) 상업지의 계층구조를 설명
    → [크리스탈러 vs 레일리]이론

(264) 재화의 도달범위, 최소요구범위
    → [크리스탈러 vs 레일리]이론

(265) 중력모형을 활용하여 유인력을 산정
    → [        ]의 소매인력법칙

(266) 상권의 분기점, 경계점의 위치
    → [크리스탈러 vs 레일리 vs 컨버스]

(267) 중력모형을 활용 → 점포 매출액 산정
    → [크리스탈러 vs 레일리 vs 허프]

(268) 점포의 최대매출 입지선정
    → [레일리 vs 허프 vs 넬슨] 소매입지

## 베버의 최소비용이론

(269) 운송비 : [최소 vs 최대]
노동비 : [최소 vs 최대]
집적이익 : [최소 vs 최대]

(270) 운송비 : 원료와 제품의 [      ] 및
원료와 제품이 수송되는 [      ] 영향

(271) 중량감소산업
→ [원료 vs 시장]지향형

(272) 국지원료의 투입비중이 높을 때
→ [원료 vs 시장]지향형

(273) 제품중량 〉 국지원료의 중량
→ [원료 vs 시장]지향형

(274) 원료지수 〉 1, 입지중량 〉 2
→ [원료 vs 시장]지향형

(275) 베버이론의 "등비용선" 이란?
→ [운송비 vs 노동비]가 동일한 지점

## 크리스탈러의 중심지이론

(276) 배후지에 재화와 서비스를 공급
→ [                  ]라고 함

(277) 중심지 유지에 필요한 최소 수요규모
→ [최소요구치 vs 재화의 도달범위]

(278) 중심지의 영향력이 미치는 한계범위
→ [최소요구범위 vs 재화의 도달범위]

(279) 재화의 도달범위는
→ 수요 [0 vs 최대]이(가) 될 때까지

(280) 중심지 유지조건
→ 재화의 도달범위 [  ] 최소요구범위

## 레일리의 소매인력법칙

(281) A도시의 유인력은,
크기에 [비례 vs 반비례]
거리의 제곱에 [비례 vs 반비례]

(282) 상권의 경계는
도시규모가 [큰 vs 작은]쪽에 가까움

## 허프의 확률이론

(283) 실측거리, 시간거리, 효용을 고려
→ [레일리 vs 허프 vs 컨버스]이론

(284) 허프의 유인력
→ 거리의 [          ]에 반비례함

(285) 마찰계수는 [      ]조건 및
물건특성에 따라 달라진다.

(286) 교통이 나쁠수록
→ 마찰계수는 [커짐 vs 작아짐]

(287) 전문품점은 일용품점보다
마찰계수가 [큰 편 vs 작은 편]

## 도시내부구조이론

(288) 교통축, 도로망, 부채꼴, 선형
→ [버제스 vs 호이트 vs 해리스]이론

(289) 몇 개의 분리된 핵이 점진적 발달
→ [버제스 vs 해리스와 울만]

(290) 튀넨의 농업이론을 도시공간에 적용?
→ [버제스 vs 호이트 vs 해리스]이론

(291) 쐐기형(wedge) 모델
→ [버제스 vs 호이트 vs 해리스]이론

(292) 도시생태학적 : 침입, 경쟁, 천이
→ [버제스 vs 호이트 vs 해리스]이론

(293) 버제스, 호이트 : [단핵 vs 다핵]
해리스와 울만 : [단핵 vs 다핵]

## 버제스의 동심원이론

(294) 5지대의 구성
중심→ [    ]→ 근로→ 중산→ 통근자

(295) 버제스 이론 : 천이지대 위치?
→ 중심업무지대와 [      ]주택사이

(296) 천이(점이)지대는 고소득지대보다
→ 도심에서 [가깝게 vs 멀리]

(297) 외곽으로 갈수록 주거환경은
[개선 vs 악화]된다.

(298) 통근자 지대 → 가장 [안 vs 바깥]쪽


## 해리스와 울만이론

(299) 동종(유사)의 활동 : [집중 vs 분산]

(300) 동종(유사)의 활동 : [집적 vs 산재]

(301) 동종(유사) 활동 : [양립 vs 비양립]

(302) 이질적 활동 : [양립 vs 비양립]

(303) 집적 불이익이 발생 → [집중 vs 분산]


# PART4. 부동산 정책론

## 부동산 문제 및 시장실패

(304) 열악한 주거환경
→ 주택의 [양적 vs 질적]문제

(305) 주거비 부담능력 측정
→ 소득 대비 집값 : [    ]IR
→ 소득 대비 전·월세 : [    ]IR

(306) PIR. RIR의 공통점
→ 차입자의 소득: [        ] 평가

(307) PIR(소득대비 주택가격)이 높을수록,
→ 주택구매 [쉬움 vs 어려움]


## 시장실패 원인

(308) 부동산 시장 : [완전 vs 불완전]경쟁

(309) 재화의 [동질성 vs 이질성]

(310) 정보의 [대칭 vs 비대칭]성 : 왜곡

(311) 공공재 [과소 vs 과잉]공급문제


## 시장실패 원인 : 공공재

(312) 소비의 [경합 vs 비경합성]

(313) 소비의 [배제성 vs 비배제성]

(314) 요금×, 소비○ : [        ]문제

(315) 적정량 [이상 vs 이하]의 공급문제


## 시장실패 원인 : 외부효과

(316) [거래당사자 vs 제3자]에 의한 효과

(317) [의도한 vs 의도하지 않은] 효과

(318) 시장을 [통하여 vs 통하지 않은] 효과

(319) 대가가 [이루어진 vs 이루어지지 않은]

(320) 정의 외부효과 :
[사적 vs 사회적]비용이 크고
[사적 vs 사회적]편익이 큼

(321) 부의 외부효과 :
[사적 vs 사회적]비용이 크고
[사적 vs 사회적]편익이 큼

(322) 정의 외부효과 : [과소 vs 과잉] 문제

(323) 부의 외부효과 : [과소 vs 과잉] 문제

(324) 부(–)의 외부효과는
→ [PIMFY vs NIMBY]를 유발함

(325) 부의 외부효과 제거
→ 부동산 가치 [상승 vs 하락]

## 정부의 시장개입

(326) 토지수용 : [직접 vs 간접]개입

(327) 금융 : [직접 vs 간접]개입

(328) 종합부동산세 : [직접 vs 간접]개입

(329) 담보인정비율(LTV) : [직접 vs 간접]

(330) 총부채상환비율(DTI): [직접 vs 간접]

(331) 개발부담금 : [직접 vs 간접]개입

(332) 공공토지비축 : [직접 vs 간접]개입

(333) 가격공시제도 : [직접 vs 간접]개입

(334) 공영개발 : [직접 vs 간접] 개입

## 토지정책

### 토지정책 : 구분

(335) 부의 외부효과 제거, 후생손실완화
→ [          ]

(336) 토지이용 효율화, 공공복리증진
→ [          ] 지정

(337) 토지규제에 따른 손실보상책
→ [개발권양도제 vs 개발부담금제]

(338) 기본적 공간구조와 장기발전계획?
→ 도시·군 [기본 vs 관리]계획

(339) 공익사업용지 원활한 공급
→ [개발권양도제 vs 공공토지비축]

(340) 개발과 보전이 경합할 때 이를 조정
→ [공공토지비축 vs 토지적성평가]

(341) 개발사업과정의 불로소득을 환수
→ [개발권양도제 vs 개발부담금제]

## 용도지역 · 지구제

(342) 용도지역
→ [          ]지역
→ [          ]지역
→ 농림지역, 자연환경보전지역

(343) 용도지역 중 도시지역은?
→ 주거, 상업, 공업, [          ]지역

(344) 도시지역 중 주거지역은?
→ [          ]주거지역
→ [          ]주거지역
→ [          ]주거지역

(345) 공동주택 중심 ∥ 양호한 환경보호
→ 제 [1종 vs 2종]
→ [전용 vs 일반] 주거지역

(346) 도시의 무질서한 확산방지,
자연환경보전 목적
→ [              ]지정

(347) 용도지역 : 중복지정 [가능 vs 불가]

(348) 용도지구 : 중복지정 [가능 vs 불가]

(349) 용도지역과 지구 중첩 [가능 vs 불가]

(350) 토지이용합리화, 기능증진, 미관개선,
양호한 환경확보 : [          ]계획

## 공공토지비축제도 (토지은행)

(351) 공공토지비축 주체는?
→ (LH vs HF)
→ 한국토지주택공사

(352) 매입원칙 : [협의매수 vs 수용]원칙

(353) 매입토지 관리 by [지자체 vs LH]

## 개발이익환수제 (개발부담금)

(354) 개발이익환수의 개발이익이란?
 → [정상지가 vs 물가] 상승분 초과

(355) 개발부담금
 → [토지 vs 주택]의 초과이익환수

(356) 재건축부담금
 → [토지 vs 주택]의 초과이익을 환수

(357) 재건축부담금제도 관련 법률은?
 [도시 및 주거환경정비법 vs
 재건축 초과이익환수에 관한 법률]

## 부동산 거래신고등에 관한 법률

(358) 거래신고제도
 → [계약체결일 vs 잔금지급일]로부터
 → [30 vs 60]일내에
 → 시장·군수·구청장에게 신고

(359) 거래허가구역
 → 투지거래성행, 지가가 급격히 상승
 → 지정권 : 국장 및 시·도지사
 → 허가권 : [                    ]

(360) 토지선매제도
 → 국가, 지자체, LH등을 선매자지정
 → [(협의)매수 vs 수용]하게 함

## 실시정책 vs 미실시정책

(361) 분양가상한제 : [실시 vs 미실시]

(362) 택지소유상한제
 → 현재 [실시 vs 미실시]

(363) 부동산거래신고제 : [실시 vs 미실시]

(364) 토지거래허가구역 : [실시 vs 미실시]

(365) 토지초과이득세
 → 현재 [실시 vs 미실시]

(366) 종합부동산세 : [실시 vs 미실시]

(367) 주거급여제 : [실시 vs 미실시]

(368) 개발권양도제 : [실시 vs 미실시]

(369) 재건축초과이익환수제
 → [실시 vs 미실시]중

(370) 재개발초과이익환수제
 → [실시 vs 미실시]중

## 임대주택정책

### 임대료상한(규제)

(371) 재계약시 인상비율 제한정책
 → [              ]상한제라고 함

(372) 전제조건 : 균형보다 [높 vs 낮]게
 → 높게하면 아무변화 없음

(373) 임대료상한 → 초과[수요 vs 공급]

(374) 주택 구하기 [쉬워짐 vs 어려워짐]

(375) 임차인 주거이동 [증가 vs 제한]

(376) 상한제→ 임대주택 투자 [증가 vs 저하]

(377) 상한제→ 임대주택 질적 [상승 vs 하락]

(378) 임대료상한 → 공급[증가 vs 감소]

### 임대료 보조제

(379) 수요자 = [        ]보조와
 공급자 = [        ]보조방식으로 구분

(380) 소비자 보조 : 주거급여, [        ]

(381) 임차인의 실질소득 [증가 vs 감소]

(382) 공공임대주택 공급
 → [소비자 vs 생산자]보조방식

(383) 보조 : 임대주택 공급 [증가 vs 감소]

(384) 바우처 : [생산자 vs 소비자] 보조
→ 주거선택 [용이해짐 vs 어려워짐]

(385) 공공임대주택의 공급
→ 주거선택 [용이해짐 vs 어려워짐]

(386) 공공임대주택의 공급 → 입주자의
자유로운 주거선택 [가능 vs 불가]

### 공공임대주택

(387) 최저소득계층 : [영구 vs 국민]임대

(388) 전세계약 방식으로 공급
→ [국민임대 vs 장기전세주택]

(389) 대학생, 초년생, 신혼부부: [     ]주택

(390) 기존주택을 임차하여 전대(轉貸)
→ 기존주택 [     ]주택

(391) 최저소득 계층, 저소득 서민, 젊은 층
및 장애인ㆍ국가유공자등에게 공급
→ [     ]공공임대주택

(392) 공공지원민간임대주택은,
[공공주택특별법 vs 민간임대주택특별법]

(393) 공공지원민간임대주택
→ [     ]년 이상 임대하기로 계약

## 분양주택정책

### 분양가상한제

(394) 분양가상한제
→ 신규 분양가 통제정책 [○, ×]

(395) 분양가상한제: 민간공급 [확대 vs 위축]

(396) 공공용지에서 공급되는 공동주택
→ 분양가상한제 [적용 vs 미적용]

(397) 도시형생활주택
→ 분양가상한제 [적용 vs 미적용]

(398) 분양가 상한제에서 분양가격은?
→ 택지비 + 건축비 : [○, ×]

(399) 분양가 상한제 적용시
→ 해당주택 전매제한 [가능 vs 불가]

### 선분양 vs 후분양

(400) 건설한 후 분양→ [선분양 vs 후분양]

(401) 초기 자금을 주택 구매자로부터 조달
→ [선분양 vs 후분양]

(402) 사업자 초기자금부담을 완화
→ [선분양 vs 후분양]

(403) 분양권 전매에 따른 가수요 우려
→ [선분양 vs 후분양]

(404) 부실시공 및 품질저하 대처에 유리
→ [선분양 vs 후분양]

## 부동산 조세정책

### 조세의 구분

(405) 취득세 : [취득 vs 보유 vs 처분]단계
→ [국세 vs 지방세]

(406) 재산세 : [취득 vs 보유 vs 처분]단계
→ [국세 vs 지방세]

(407) 종합부동산세 : [취득 vs 보유]단계
→ [국세 vs 지방세]

(408) 양도소득세: [취득 vs 처분]단계
→ [국세 vs 지방세]

(409) 재산세, 종합부동산세
→ [보유 vs 취득]단계에 부과

(410) 증여세, 상속세
→ [     ]단계, [국세 vs 지방세]

(411) 부가가치세 : [국세 vs 지방세]이다.

(412) 등록면허세 : [국세 vs 지방세]이다.

## 조세의 전가 및 귀착

(413) 조세 부담이 어떤 사람에게 귀속
　　　→ 조세의 [전가 vs 귀착]

(414) 공급의 탄력성 〈 수요의 탄력성
　　　→ [공급자 vs 수요자] 조세부담 큰

(415) 수요가 비탄력적, 공급이 탄력적
　　　→ [수요자 vs 공급자]의 부담 큰

(416) 수요가 완전비탄력적
　　　→ 전부 [수요자 vs 공급자]부담

(417) 공급이 완전탄력적
　　　→ 전부 [수요자 vs 공급자]부담

## 양도소득세 효과

(418) 양도소득세의 중과
　　　→ 주택 보유기간 [길어짐 vs 짧아짐]

(419) 양도소득세의 중과: [　　　]효과

(420) 양도소득세 : 공급 [　　]→가격[　]

# PART5. 부동산 투자론

## 부동산 투자특징

(421) 부동산은 화폐가치 하락에 대한
　　　[　　　]수단으로 활용가능 = hedge

(422) 가치 보존력 양호 : [　　　]덕분

(423) 감가와 [　　]비용에 대해 세공제

(424) 주식투자에 비해 환금성 [높 vs 낮]음

## 레버리지 = 지렛대 효과

(425) 타인자본 → [　　　]자본수익률에
　　　미치는 효과를 의미

(426) 사례 : 담보대출, [　　　]

(427) 자기자본수익률 〉 총자본수익률
　　　→ [정 vs 부]의 레버리지

(428) 저당수익률 〈 총투자수익률
　　　→ [정 vs 부]의 레버리지

(429) 대부비율이 커질수록 지분수익률 증가
　　　→ [정 vs 부 vs 중립적]의 레버리지

(430) 총자본수익률과 저당수익률이 동일
　　　→ [정 vs 부 vs 중립]적 레버리지

(431) 부채비율이 변해도 자기자본수익률에
　　　영향이 없음 → [　　]적 레버리지

(432) 대부비율이 커질수록
　　　→ 레버리지 효과는 [커 vs 작아]짐

(433) 타인자본 활용으로, 채무불이행
　　　위험을 낮출 수 [있다 vs 없다]

## 부동산 투자위험

(434) 위험의 측정수단 [3가지]
　　　→ 분산, 표준편차, [　　　　]

(435) 표준편차 작을수록 위험 [큰 vs 작음]

(436) 위험이 낮은 투자안을 고르려면?
　　　→ 변이계수 [큰 vs 작은]거 골라요

(437) 수익성 악화위험
　　　→ [사업상 vs 금융적 vs 법률적]위험

(438) 채무불이행 위험
　　　→ [금융적 위험 vs 인플레이션 위험]

(439) 구매력 하락위험
　　　→ [금융적 위험 vs 인플레이션 위험]

(440) 은행입장에서 인플레이션위험 낮추기
　　　→ [고정 vs 변동]금리로 대출

(441) 현금화와 관련된 위험
　　　→ [　　　　]위험
　　　→ 낮은 환금성으로 인한 위험

## 투자수익률 및 투자채택기준

### 수익률 구분

(442) 예상수입, 예상지출로 계산한 수익률
→ [기대 vs 요구]수익률

(443) 투자채택을 위한 최소수익률
→ [기대수익률 vs 요구수익률]

(444) 투자가 이루어지고 난 후 달성
→ [기대 vs 요구 vs 실현] 수익률

(445) 확률별 수익률을 가중평균한 값
→ [기대 vs 요구 vs 실현] 수익률

### 요구수익률

(446) 최소, 필수, [          ]이 반영

(447) [          ] + 위험할증률

(448) 무위험률의 하락
→ 요구수익률 [상승 vs 하락]

(449) 금리상승
→ 요구수익률 [증가 vs 감소]

(450) 위험에 대한 대가 = 보상률
→ 위험 [          ]이라고 한다.

(451) 위험이 커질수록
→ 요구수익률 [상승 vs 하락]

(452) 위험을 기피(회피)할수록
→ 요구수익률 [증가 vs 감소]

### 투자채택

(453) 기대수익률이 요구수익률보다 높음
→ [채택 vs 기각] : 투자가치[○, ×]

(454) 요구수익률이 기대수익률보다 낮음
→ [채택 vs 기각]

(455) 기대수익률이 실현수익률보다 크면
채택된다. [○, ×]

## 투자 위험의 처리 및 관리

(456) 위험한 투자안 제외 : [회피 vs 전가]

(457) 제3자와의 계약 : [회피 vs 전가]

(458) 물가상승만큼 임대료 인상계약
→ [회피 vs 전가]

(459) 보수적 예측
→ 기대수익률의 [상향 vs 하향]조정

(460) 위험조정할인율법
→ 위험할수록 [높은 vs 낮은] 할인율

(461) 위험조정할인율법
→ 위험할수록 할증률을 [더함 vs 뺌]

(462) 위험조정할인율법
→ 요구수익률의 [상향 vs 하향] 조정

(463) 투입요소의 변화에 따른 결과분석
→ 수익에 미치는 영향 : [          ]분석

## 부동산 투자선택, 효율적 투자전선

### 평균-분산지배원리

(464) 기대수익률인 [평균 vs 분산]과
위험인 [평균 vs 분산]을 통해 선택

(465) 평균은 [높을 vs 낮을]수록
분산(편차)은 [높을 vs 낮을]수록!

(466) A와 B의 기대수익률 동일,
B의 표준편차가 A보다 크다면?
→ 투자안 [A, B]를 선택

### 효율적 프런티어

(467) 동일 위험선상 [     ]수익 조합선

(468) 동일 수익선상 [     ]위험 조합선

(469) 투자전선 모양 : 우[     ]향
→더 높은 수익위해 더 많은 위험감수

(470) 투자자에게 동일한 효용을 주는
수익과 위험의 조합선? [          ]

(471) 위험회피도가 높을수록
무차별곡선 기울기는 [급함 vs 완만]

(472) 최적 투자안 선택 :
효율적 전선과 무차별곡선의 [    ]점

## 포트폴리오

### 포트폴리오 위험

(473) 총위험 = [      ]적 + [      ]적

(474) 분산투자효과 : 투자자산을 늘릴수록
[체계적 vs 비체계적]위험이 감소

(475) 개별자산 고유위험: [체계 vs 비체계]

(476) 경기침체, 인플레이션: [체계 vs 비체계]

(477) 포트폴리오를 통해 제거가능?
→ [체계적 vs 비체계적] 위험만

(478) 체계적 위험은 제거할 수 [      ]

(479) 체계적 위험이 커질수록
→ 요구수익률은 [증가 vs 감소]

### 포트폴리오 효과 극대화

(480) 제거 효과 극대화
→ 수익률이 [유사한 vs 반대] 방향

(481) 상관계수 = -1 (완전한 음)
→ 위험제거효과 [없음 vs 극대화]

(482) 상관계수 = +1 (완전한 양)
→ 위험제거효과 [없음 vs 극대화]

(483) 상관계수가 1보다 작으면
→ 위험제거효과 [없다 vs 있다]

(484) 포트폴리오 효과 극대화
→ 상관계수 [양 vs 음] 이 되도록

(485) 포트폴리오 효과 극대화
→ 상관계수 [크게 vs 작게] 구성

(486) 포트폴리오 효과 극대화
→ 수익률 움직임 [같은 vs 반대]방향

(487) 두 자산이 같은 방향으로 움직이면
상관계수는 [양 vs 음]이 되고
포트폴리오 효과 [커짐 vs 작아짐]

(488) 포트폴리오 수익률
→ 개별자산 수익률을 [          ]함

## 화폐의 시간가치

(489) [단리 vs 복리]이자계산

(490) 감채기금계수: [미래 vs 현재]가치계수

(491) 저당상수: [미래가치 vs 현재가치]계수

(492) 현재 10억, 2%씩 가격상승, 5년후?
→ [일시불 vs 연금] [내가 vs 현가]

(493) 매월 50만원 받는 임대료의 현재가치?
→ [일시불 vs 연금] [내가 vs 현가]

(494) 5년후 8억원의 현재가치를 산정?
→ [일시불 vs 연금] [내가 vs 현가]

(495) 매기 일정액 불입시 미래시점 달성액?
→ [일시불 vs 연금] [내가 vs 현가]

(496) 할인율이 상승할수록,
→ 일시불의 현가계수는 [↑ vs ↓]

(497) 저당상수는
→ [원금균등 vs 원리금균등]분할상환

(498) 원리금균등상환의 대출 상환액?
→ [저당상수 vs 감채기금계수]

(499) 5년후 3억원을 모으기 위한 적립금?
→ 3억×[저당상수 vs 감채기금계수]

(500) 연금의 내가계수는
→ [감채기금계수 vs 저당상수]

(501) 저당상수는 무엇의 역수인가?
→ 연금의 [내가계수 vs 현가계수]

(502) 잔금액
→ 원리금×[             ](남은기간)

(503) 잔금비율 + 상환비율 = [0 vs 1]

## 현금흐름의 분석 (영업, 처분)

(504) 현금흐름은 운영의 [     ]이득과
처분의 [     ]이득으로 구성

(505) 임대료×임대단위수 = [     ]총소득

(506) 유효총소득은
가능총소득에서
[   ] 공실 및 불량부채
[   ] 기타수입

(507) 순영업소득은 유효총소득에서
영업경비를 [합산 vs 차감]한 값

(508) 광고비, 전기세, 수선비
→ 영업경비 [포함 vs 불포함]

(509) 재산세는
영업경비 [포함 vs 불포함]된다.

(510) 재산세는 순영업소득 산정시
[필요 vs 불필요]하다.

(511) 소득세는
영업경비 [포함 vs 불포함]된다.

(512) 감가상각비는
영업경비에 [포함 vs 불포함]된다.

(513) 감가상각비는
소득세 산정시 [필요 vs 불필요]하다.

(514) 세전현금흐름은 순영업소득에서
부채서비스액을 [합산 vs 차감]한다.

(515) 부채서비스액은
[원금 vs 이자 vs 원리금]을 의미

(516) 세전현금흐름 : [지분 vs 총]투자대가

(517) 세전지분복귀액은 순매각대금에서
미상환저당잔액을 [합산 vs 차감]

(518) 세전지분복귀액 : [지분 vs 총]투자대가

(519) 세전지분복귀액
– [      ]세
= 세후지분복귀액

(520) 순영업소득 산정시
→ 기타수입 [필요 vs 불필요]
→ 재산세 [필요 vs 불필요]
→ 소득세 [필요 vs 불필요]
→ 부채서비스액 [필요 vs 불필요]

## 투자분석기법의 분류

(521) 회계이익률법
→ [할인법 vs 비할인법]

(522) 순현가법
→ [할인법 vs 비할인법]

(523) 내부수익률법
→ [할인법 vs 비할인법]

(524) 승수법, 수익률법
→ [할인법 vs 비할인법]

(525) 회수기간법
→ [할인법 vs 비할인법]

(526) 단순회수기간법
→ [할인법 vs 비할인법]

(527) 현가회수기간법
→ [할인법 vs 비할인법]

## 할인현금흐름분석법

(528) 예상수입을
[미래 vs 현재]가치로 할인하여 분석

(529) 투자의 모든 현금흐름을
[반영 vs 미반영]하는 투자분석기법

### 순현가법 (NPV법)

(530) 순현가 산정
→ 유[　]의 현가 – 유[　]의 현가

(531) 순현가의 할인율
→ [내부수익률 vs 요구수익률]

(532) 순현가의 재투자율
→ [내부수익률 vs 요구수익률]

(533) 순현가는 가치가산원칙이
→ [성립 vs 불성립]

(534) 순현가 ≧ [　]보다 커야 채택

### 수익성지수법 (PI)

(535) 수익성지수
→ 유[　](현가) ÷ 유[　](현가)

(536) 수익성지수
→ 유[　](현가)에 대한 유[　](현가)

(537) 단일 투자안의 순현가가 0이되면
수익성지수는 [　]이 된다.

(538) 수익성지수 ≧ [　]보다 커야 채택

### 내부수익률 (IRR)

(539) 유입의 [　]와 유출의 [　]를
같게 만드는 할인율

(540) 내부수익률은 순현가를 0보다
크게 만드는 할인율이다. [○, ×]

(541) 내부수익률: 수익성지수를 [　](으)로!

(542) 내부수익률의 재투자율
→ [내부수익률 vs 요구수익률]

(543) 채택: 내부수익률 ≧ [0 vs 1 vs 요구]

(544) 내부수익률 〈 요구수익률 : 투자[○, ×]

### 분석기법의 분류

(545) 순현가법의 재투자율 : [　]수익률
내부수익률법 재투자율 : [　]수익률

(546) 순현가법과 내부수익률법의
재투자율은 [같다 vs 다르다]

(547) 재투자율 고려시 더 합리적 방안은?
→ [순현가 vs 내부수익률]법

(548) 순현가법으로 타당성이 있을 때
내부수익률법으로 타당성이 없을 수
[있다 vs 없다]

## 어림셈법

(549) 승수법과 수익률법은
화폐의 시간가치 고려 [○, ×]

(550) 어림셈법의 승수는?
→ 자본의 [　　　]을 의미함

(551) 승수가 클수록
→ 자본의 회수기간 [길어 vs 짧아]짐

(552) 총소득승수
$$\rightarrow \frac{[\text{총} \, vs \, \text{지분투자액}]}{\text{총소득}}$$

(553) 순소득승수
$$\rightarrow \frac{[\text{총} \, vs \, \text{지분투자액}]}{\text{순영업소득}}$$

(554) 세전현금흐름승수

$$\rightarrow \frac{[총 \, vs \, 지분투자액]}{세전현금흐름}$$

(555) 종합자본환원율

$$\rightarrow \frac{순영업소득}{[총 \, vs \, 지분투자액]}$$

(556) 지분환원율

$$\rightarrow \frac{세전현금흐름}{[총 \, vs \, 지분투자액]}$$

(557) 순소득승수의 역수는
→ [종합자본환원율 vs 지분환원율]

(558) 유효총소득승수 : 4 , 총투자액 : 10억
→ 유효총소득은? [          ]


## 각종 투자비율 총정리

### 대부, 지분, 부채비율

(559) 대부비율(LTV) : $\frac{융자(잔금)액}{[\qquad]}$
= 담보가치에 대한 융자(잔금)비율

(560) 부채비율 : [     ]에 대한 융자(부채)

(561) 부채비율
[자본 vs 부채]총계를
[자본 vs 부채]총계로 나눈 값

(562) 자본총계 + 부채총계 = 자[     ]총계

(563) 대부비율이 50%면 부채비율은?
→ [50% vs 100%]

(564) 대부비율이 80%면 부채비율은?
→ [20% vs 400%]

(565) 아파트 가격이 4억,
지분투자액이 3억이면?
대부비율(LTV은? [          ]

(566) 아파트 가격이 4억
지분투자액이 2억이면
부채비율(LTV은? [50% vs 100%]


### 부채감당률

(567) [주거 vs 상업]용 대출기준으로 활용

(568) [          ]에 대한 순영업소득

(569) 부채감당률 〉1
→ 상환능력 [충분 vs 부족]하다

(570) 부채감당률 〈 1
→ 상환능력 [충분 vs 부족]하다

(571) 금융기간의 채무불이행 위험↓
→ 부채감당률의 [상향 vs 하향]조정


### 기타 비율분석법

(572) 공실률
→ [     ]총소득에 대한 공실액

(573) 채무불이행률의 기준
→ [순영업소득 vs 유효총소득] 기준

(574) (평균)회계이익률법
→ [할인법 vs 비할인법]

(575) 회수기간법
→ 할인 [하고 vs 하지않고]
→ 투자안의 회수기간을 산정

(576) 회계이익률법에 의한 투자선택 :
투자안 회계이익률 [     ] 목표이익률

(577) 회수기간법에 의한 투자선택
투자안 회수기간 [     ] 목표회수기간

(578) 회수기간이 [단기 vs 장기]인게 유리

(579) 화폐의 시간가치를 고려 회수기간산정
→ [          ]회수기간법

# PART6. 부동산 금융론

## 소비금융 vs 개발금융

(580) 주택구입능력을 높이고
자가주택 소유촉진 역할
→ [소비 vs 개발] 금융

(581) 주택담보대출 (모기지론)
→ [소비 vs 개발]금융 : 수요자 금융

(582) 프로젝트 파이낸싱
→ [소비 vs 개발]금융 : 공급자 금융

(583) 주택도시기금은
국민주택규모 초과시 지원
→ [가능 vs 불가]

## 금융의 구분

(584) 조인트 벤처
→ [지분 vs 부채 vs 메자닌]금융

(585) 신탁증서 금융
→ [지분 vs 부채 vs 메자닌]금융

(586) 공모(public offering)에 의한 증자
→ [지분 vs 부채 vs 메자닌]금융

(587) 후순위대출
→ [지분 vs 부채 vs 메자닌]금융

(588) 부동산투자회사(REITs)
→ [지분 vs 부채 vs 메자닌]금융

(589) 자산담보부기업어음(ABCP)
→ [지분 vs 부채 vs 메자닌]금융

(590) 전환사채
→ [지분 vs 부채 vs 메자닌]금융

(591) 주택상환사채
→ [지분 vs 부채 vs 메자닌]금융

(592) 신주인수권부사채 : [          ]금융

## 주택담보대출 규제

(593) LTV(담보인정비율)와
DTI(총부채상환비율)은
[토지규제이다 vs 금융규제이다]

(594) 차주의 소득을 중심으로 대출 규제
→ [LTV vs DTI]

(595) 소득대비 금융부채 원리금 상환액 비율?
→ [LTV vs DSR]

(596) DTI가 높을수록
→ 채무불이행 위험이 [높 vs 낮]아짐

(597) 위축된 금융시장을 활성화
→ LTV나 DTI를 [상향 vs 하향]조정

(598) 가계부채를 안정화
→ LTV나 DTI를 [상향 vs 하향]조정

(599)
- 차입자 연소득 : 6000만
- 부동산 가치 : 4억
- 기존부채 : 5000만
- 연간 저당상수 : 0.1
- 담보인정비율(LTV) : 50%이하
- 총부채상환비율(DTI) : 40% 이하
※ 두 가지 승인기준을 모두 충족

추가대출액은? [                    ]

## 고정금리대출 vs 변동금리대출

고정금리대출

(600) 시장의 변동과 관계없이 확정이자율
→ [고정금리 vs 변동금리]

(601) 시장이자율 〈 계약이자율 : **차입자**
[조기상환 고려 vs 기존대출 유지]

(602) 대출자의 조기상환위험은
→ [금리상승 vs 금리하락]기 발생

(603) 시장이자율 〉 계약이자율 : **차입자**
[조기상환 고려 vs 기존대출 유지]

(604) 시장이자율 〉 계약이자율 : **대출자**
[조기상환위험 vs 수익률 악화위험]

(605) 예상보다 실제 인플레이션 높으면
→ 대출자 [      ], 차입자는 [      ]

(606) 위험을 차입자에게 전가할 수 없다
→ [고정금리 vs 변동금리] 대출

(607) 고정금리 초기금리가
변동금리보다 [높은, 낮은]편임

## 변동금리대출

(608) [      ]금리 + 가산금리

(609) 은행의 자금조달비용을 반영한
변동금리의 기준금리는? [        ]

(610) COFIX는 변동금리의 [      ]금리다.

(611) COFIX가 상승 COFIX에 연동된
→ 대출금리 [상승 vs 하락]

(612) 위험을 차입자에게 전가: [      ]금리

(613) 변동금리 → [대출자 vs 차입자]를
인플레이션로부터 보호

(614) 변동금리
→ 위험부담 : [대출자 vs 차입자]
→ 초기금리가 [높은 vs 낮은] 편

(615) 조정주기 짧을수록 대출의 위험은
→ [      ]에서 [      ]로 많이 전가

## 저당의 상환방식

(616) 원금균등상환방식의 매기 원리금은?
[증가 vs 감소 vs 불변]

(617) 원리금균등상환의 매기 원금은?
[증가 vs 감소 vs 불변]

(618) 원리금균등분할상환의 경우
→ 매기의 이자액은 [증가 vs 감소]
→ 매기의 원금액은 [증가 vs 감소]

(619) 원리금균등분할상환은
→ 초기에는 [원금 vs 이자]비중↑
→ 갈수록 원금비중이 [증가 vs 감소]

(620) 원리금균등분할상환액의 원리금산정
→ 융자액 × [          ]로 산정

(621) 원리금상환액을 초기에 적게하고
부담을 늘려가는 상환은? [      ]

(622) 점증(체증)상환방식은 장래 소득이
[증가 vs 감소]하는 사람에게 유리함

## 상환방식의 3자비교

(623) 상환 첫 회의 원리금상환액
→원금균등상환 [      ]원리금균등상환

(624) 대출실행시점의 총부채상환비율(DTI)
→ 원금균등분할 [      ] 점증식상환

(625) 조기상환시 중도시점 상환액(LTV)
→ 원금균등분할 [      ] 점증식상환

(626) 대출기간 만료시 누적상환액 비교
→ 원금균등 [      ] 점증식분할상환

(627) 대출기간 만료시 총이자
원금균등분할 [      ] 원금만기일시상환

(628) 점증식분할상환방식은 원금균등에
비해 총이자부담이 [큰 vs 작은]편

(629) 가중평균상환기간(duration)
→ 대출채권의 [      ]기간을 의미

(630) 가중평균상환기간(duration) 짧은 것
↳ [원금균등상환 vs 원리금균등상환]

(631) 가중평균상환기간(duration)이 긴 것
↳ [원리금균등상환 vs 만기일시상환]

## 주택담보노후연금

(632) 대출의 성격
→ [일시불 vs 연금]방식 대출

(633) 수령기간이 경과할수록
→ 잔액이 [증가(누적) vs 감소]

(634) 주택연금의 보증기관은?
[토지주택공사 vs 주택금융공사]

(635) 나이조건 : 부부중 1명이
만 [50 vs 55 vs 60]세 이상

(636) 업무용 오피스텔 [포함 vs 불포함]

(637) 평생토록 지급받을 수 [있다 vs 없다]

(638) 가입자의 만기지정 [가능 vs 불가]

(639) 중도상환시 중도상환수수료 [○, ×]

(640) 만기시 채권청구
주택처분가격 〈 대출잔액
→ [청구 vs 미청구] 원칙

(641) 주택금융공사는 주택가격하락에 대한
위험을 부담 [한다 vs 하지 않는다]

## 프로젝트 파이낸싱

(642) PF의 담보
[완전한 물적 vs 사업성]담보

(643) PF의 담보
[프로젝트 자체 vs 원사업주 전체자산]

(644) PF의 차입자
→ [원사업시행자 vs 특수법인(SPC)]

(645) 원사업주의 재무상태표에 해당 부채가
→ [표시됨 vs 표시되지 않음]

(646) PF의 부외금융효과는
→ [원사업시행자 vs 금융기관]이 누림

(647) 원사업주에 대한 채권청구 [○, ×]
→ [소구 vs 비소구]금융

(648) 프로젝트가 부실화되면 대출기관의
→ 채권회수에 영향이 [있다 vs 없다]

(649) 프로젝트 사업자금은?
[차주가 임의로 vs 위탁계좌에 위탁]

(650) 위탁계좌를 English로? [          ]

(651) 프로젝트 회사(SPC)는
법인세 감면 받을 수 [있다 vs 없다]

### PF의 위험관리

(652) 이해당사자 위험배분 [가능 vs 불가]

(653) 에스크로 자금인출시
→ 시행사 이익 [선 vs 후]지급

(654) 선분양 PF 개발사업시 토지 담보
→ 저당설정 [가능 vs 불가]
→ [          ]활용 : 질권대출

### 투자자 입장에서 PF분석

(655) 프로젝트의 위험이 높아질수록
투자자의 요구금리는 [높 vs 낮]아짐

(656) 프로젝트의 자본환원율에는
기회비용이 [반영 vs 미반영]된다.

(657) 프로젝트의 자본환원율이 상승하면
부동산 자산가격은 [상승 vs 하락]

## 부동산 투자회사

### REITs의 기본특징

(658) 부동산투자회사(REITs)는
→ [지분금융 vs 부채금융]

(659) 부동산투자회사
→ 소액투자 [가능 vs 불가]

(660) 부동산투자회사→ [직접 vs 간접]투자

(661) 부동산투자회사
  → 분산투자 [가능 vs 불가]

(662) 부동산투자회사
  원금손실 발생가능성 [있음 vs 없음]

## 부동산투자회사법

(663) 자기관리리츠 : [실체 vs 명목]형

(664) 자산운용인력 포함,
  임직원 상근,
  자산관리 직접하는 리츠는?
  → [          ]리츠

(665) 자기관리리츠 자산관리
  → [직접 vs 자산관리회사에 위탁]

(666) 위탁관리리츠 자산관리
  → [직접 vs 자산관리회사에 위탁]

(667) 기업구조조정리츠 자산관리
  → [직접 vs 자산관리회사에 위탁]

(668) 부동산투자회사[REITs]는
  현물출자에 의한 설립 [가능 vs 불가]

(669) 자기관리리츠의 최저설립자본금은?
  → [3억 vs 5억]원 이상

(670) 위탁관리리츠의 최저설립자본금은?
  → [3억 vs 5억]원 이상

(671) 최저자본금준비기간이 지난 후,
  자기관리리츠 최저자본금 : [    ]억↑

(672) 최저자본금준비기간이 지난 후,
  위탁관리리츠 최저자본금 : [    ]억↑

(673) 위탁관리리츠
  → 본점 외 지점설치 [가능 vs 불가]

(674) 위탁관리리츠
  → 임직원 상근 할 수 [있다 vs 없다]

(675) 자기관리리츠의 자산운용전문인력
  →중개사, 평가사 : [  ]년↑ 종사자
  →석사학위 이상 : 관련업무 [  ]년↑

(676) 부동산투자회사는
  자금을 차입할 수 [있다 vs 없다]

(677) 위탁관리리츠의 1인당 주식소유한도
  → [20% vs 30% vs 50%]초과불가

# 저당 유동화 증권

## 저당 유동화 효과

(678) 주택자금대출 [확대 vs 축소]

(679) 자가소유비중 [증가 vs 감소]

(680) 금융기관 유동성 [증가 vs 감소]

(681) 금융기관 유동성 위험 [증가 vs 감소]

## 저당시장의 구조

(682) 차입자와 금융기관 사이
  → [1차 vs 2차]저당시장

(683) 금융기관 – SPC – 투자자
  → [1차 vs 2차] 시장

(684) 특수목적회사(SPC)
  → [1차 vs 2차] 시장

(685) 주택자금 대출시장
  → [1차 vs 2차] 저당시장

(686) 주택자금 공급시장
  → [1차 vs 2차] 저당시장

(687) 저당 유동화: [1차 vs 2차] 저당시장

(688) 저당 유동화 담당
  → 2차 시장의 SPC역할 = [      ]

(689) 우리나라의 모기지 유동화중개기관?
  → [                      ]

## 저당 유동화 증권

(690) MPTS : [지분형 vs 채권형] MBS

(691) MPTS의 저당채권 소유권
→ [투자자 vs 발행자]에게

(692) MPTS의 원리금수취권
→ [투자자 vs 발행자]에게

(693) MPTS의 조기상환위험
→ [투자자 vs 발행자]부담

(694) MPTS 투자자의 콜(조기상환)방어권
→ [인정 vs 불인정]

(695) MPTS는 투자자에게 초과담보
→ [제공한다 vs 제공하지 않는다]

(696) MBB : [지분형 vs 채권형] MBS

(697) MBB의 저당채권 소유권
→ [투자자 vs 발행자]에게

(698) MBB의 원리금 수취권
→ [투자자 vs 발행자]에게

(699) MBB의 조기상환위험
→ [투자자 vs 발행자]부담

(700) MBB의 투자자는
→ 저당채권의 소유권을
→ [갖는다 vs 갖지 못한다]

(701) MBB의 투자자는 조기상환위험을
→ [부담한다 VS 부담하지 않는다]

(702) MBB 투자자의 콜(조기상환)방어권
→ [인정 vs 불인정]

(703) MBB는 투자자에게 초과담보
→ [제공한다 vs 제공하지 않는다]

(704) MPTS + MBB = [            ]

(705) MPTB의 저당권의 소유권 : [        ]

(706) MPTB의 원리금수취권 : [      ]

(707) MPTB 조기상환위험
→ [투자자 vs 발행자] 부담

(708) 만기와 이자를 다양하게?
[MPTS vs MBB vs MPTB vs CMO]

(709) CMO의 저당채권의 소유권
→ [투자자 vs 발행자]에게

(710) CMO의 원리금수취권
→ [투자자 vs 발행자]에게

(711) CMO의 조기상환위험
→ [투자자 vs 발행자]부담

(712) CMO는 트랜치별로 이자율이
[같음 vs 다름]

# PART7. 개발관리마케팅

## 부동산 개발일반

(713) 개발업의 관리 및 육성에 관한 법률상
→ 개발업에는 시공 [포함 vs 제외]

(714) 지자체 + 민간기업 합동
→ [        ]섹터방식
→ 민간 · 공공 합동주체개발

(715) 개발단계:
아이디어 ⟶ [          ]타당성⟶
부지확보 ⟶ [          ]
⟶ 금융, 건설, 마케팅

(716) 예상수입 · 비용을 개략적으로 분석
⟶ [예비적 타당성 vs 타당성] 분석

(717) 법률적, 경제적, 기술적 분석
⟶ [예비적 타당성 vs 타당성] 분석

## 부동산 개발의 위험

(718) 워포드에 의한 위험분류
→ [        ]위험, 시장위험, 비용위험

(719) 법률적
→ 소유권 : [사법 vs 공법]적 위험
→ 지역지구제 : [사법 vs 공법]적 위험

(720) 군사시설보호구역으로 인한 개발위험
⋯▶ [법률적 위험 vs 시장 위험]

(721) 이용계획이 확정된 토지를 매입하면
⋯▶ 법률적 위험 [커짐 vs 작아짐]

(722) 문화재 출토
→ 스스로 관리할 수 [있는 vs 없는]

(723) 거시적 시장환경
→ 스스로 관리할 수 [있는 vs 없는]

(724) SOC 확충
→ 스스로 관리할 수 [있는 vs 없는]

(725) 행정 변화에 따른 사업 인허가 지연
→ 시행사 관리가 [가능 vs 불가]

(726) 부실공사
→ 스스로 관리할 수 [있는 vs 없는]

(727) 토지가격 하락
⋯▶ 시행사 이익에 [긍정 vs 부정]적

(728) 인·허가시 용적률 증가
→ 사업 시행자에게 [긍정 vs 부정]적

(729) 건설금리하락
⋯▶ 사업 시행자에게 [긍정 vs 부정]적

(730) 조합원 입장
→ 일반 분양분의 분양가 상승
⋯▶ [긍정 vs 부정]적 요인

(731) 조합원 입장
→ 기부채납증가 : [긍정 vs 부정]

(732) 조합원 입장
→ 용적률 할증 : [긍정 vs 부정]

(733) 조합원 입장
→ 부담금 인상 : [긍정 vs 부정]

(734) 공사기간의 연장
→ 시행사 이익 [긍정 vs 부정]

(735) 매수예정 사업부지가격↑
→ 시행사 입장에서 [긍정 vs 부정]적

## 부동산 개발분석

(736) 개발분석 : 지역경제 ⇨ 시장분석 ⇨
[        ]분석 ⇨ 타당성 ⇨ 투자분석

(737) 인구, 고용, 소득, 환경
→ [        ]분석

(738) 거시적 경기동향 → [        ]분석

(739) 수요공급분석 : [시장 vs 시장성]분석

(740) 수요자 특성에 따라 시장구분
⋯▶ 시장 [세분화 vs 차별화]

(741) 수요자를 동질적인 소집단으로 구분?
→ 시장 [        ]

(742) 분양될 수 있는 가능성
→ [지역경제 vs 시장 vs 시장성]분석

(743) 개발부동산 매매·임대가능성
→ [시장성 vs 민감도]분석

(744) 과거 유사부동산에 대한 추세분석
⋯▶ [민감도 vs 흡수율] 분석

(745) 흡수율 분석의 궁극적 목적
⋯▶ [과거추세분석 vs 장래예측] 목적

(746) 변수들의 투입값을 낙관 / 비관으로
→ 수익성 분석 : [흡수율 vs 민감도]

(747) 투자환경의 변화에 따른 투자가치영향
→ [시장성 vs 흡수율 vs 민감도]분석

## 도시개발법, 도시 및 주거환경정비법

(748) 도시개발사업방식
→ 환지, 수용, [            ]방식

(749) 환지방식 : [신개발 vs 재개발]방식

(750) ★ 환지 : 개발 전 토지 상황을 고려하여 개발 토지를 원소유자에게
[재분배 vs 매각]방식

(751) 개발 전 위치·면적 등을 고려하여 재분배하는 토지? [ 보류지 vs 환지 ]

(752) 도시개발사업에서 필요경비 충당 및 공공용지 확보를 위해 남겨놓은 토지
→ [            ]라고 함

(753) 보류지 중에서 공사비를 회수할 용도로 환지하지 아니한 토지는? [       ]

(754) 일부지역 수용 + 일부지역 환지
→ [            ]

(755) 기반시설 극히열악
→ [주거환경개선 vs 재개발]사업

(756) 기반시설 열악
→ [재개발 vs 재건축]사업

(757) 기반시설 양호
→ [재개발 vs 재건축]사업

(758) 단독, 다세대밀집 지역에서?
[주거환경관리 vs 주거환경개선]사업

(759) 상업·공업지역 등에서
도시기능의 회복 및 상권활성화
[주거환경개선 vs 재개발 vs 재건축]

## 민간개발방식

(760) 민간개발방식
⋯→ 자체, 공동, [       ], 컨소시엄

(761) 자체사업
→ 위험배분 [가능 vs 불가]

(762) 개발부동산의 건축면적을 나눠 갖음
→ [분양금정산방식 vs 등가교환방식]

(763) 토지·건물의 지분을 나눔
→ [분양금정산방식 vs 등가교환방식]

(764) 개발 부동산을 공사비율에 맞게 나눔
→ [분양금정산방식 vs 등가교환방식]

(765) 사업위탁
→ 소유권 [이전 vs 유지] : 수수료

(766) 토지신탁
→ 소유권 [이전 vs 유지] : 수수료

(767) 사업위탁방식의 사업주체
→ [위탁자 vs 수탁자]

(768) 토지신탁방식의 사업주체
→ [위탁자 vs 수탁자]

(769) 토지신탁방식의 자금조달
→ [위탁자 vs 수탁자]

(770) 신탁의 당사자
→ 위탁자 , 수탁자 , [       ]

(771) 신탁방식 개발이익은 누구에게 귀속?
⋯→ [토지소유자 vs 신탁수익자]

(772) 신탁방식 개발이익 귀속
⋯→ [위탁자 vs 신탁자]

(773) 사업위탁, 토지신탁의 공통점
→ 수탁자에게 [       ]가 지급

(774) 관리신탁
→ 형식상 소유권 이전 [○, ×]

(775) 형식상 소유권 이전 후,
대출용으로 활용하는 신탁
→ [토지 vs 담보]신탁

(776) 대규모 개발사업진행시 연합법인형태
→ [토지신탁 vs 컨소시엄]방식

(777) 컨소시엄
→ 사업주체간 위험배분 [가능 vs 불가]

(778) 컨소시엄 ⋯→ 이해조정이 필요 [O, X]

## 민자유치개발사업

(779) 민간이 기반시설의 준공후에 [  ]
민간이 운영·수익 후에 [  ]
정부에게 소유권 이전 [  ]

(780) 민간이 시설을 건설하고 [  ]
타인에게 일정기간 임대한 후 [  ]
정부에게 소유권 이전 [  ]

(781) 민간이 시설을 건설하고 [  ]
민간이 직접 소유권을 갖고 [  ]
민간이 직접 운영하는 방식 [  ]

(782) 사회기반시설의 준공후에
소유권이 지자체에 귀속되며
일정기간 민간 운영권을 인정하되
지자체등이 임차하여 사용? [      ]

(783) 학교, 문화시설등 사용료 징수가
어려운 시설에 활용? [BTO vs BTL]

(784) 도로, 터널, 다리등 사용료 징수가
용이한 시설에 활용? [BTO vs BTL]

| 구 분 | X지역 | Y지역 | 전지역 |
|---|---|---|---|
| A산업 | 30 | 50 | 80 |
| B산업 | 50 | 40 | 90 |
| 전체 | 80 | 90 | 170 |

(785) X지역 A산업 입지계수를 구하는 식?
[                    ]

## 부동산 관리

### 복합개념의 관리

(786) 협의의 관리? = [시설vs 자산]관리
→ [법률 vs 경제 vs 기술]적 관리

(787) 물리적 하자유무 판단
→ [기술 vs 경제 vs 법률]적

(788) 시설물 운영유지 (소극적 관리)
→ [기술 vs 경제]적

(789) 위생, 설비, 보안, 에너지
→ [시설 vs 자산]관리

(790) 토지 경계확인을 위한 경계측량
→ [기술적 vs 경제적] 관리

(791) 건물과 부지의 부적응
→ [기술 vs 경제]적 관리

(792) 부동산 매입매각
→ [시설 vs 자산]관리

(793) 투자위험 관리
→ [시설 vs 자산]관리

(794) 리모델링 투자의사결정
→ [기술 vs 경제]적

(795) 포트폴리오 관리
→ [재산 vs 자산] 관리

(796) 인력관리 : [기술 vs 경제 vs 법률]적

(797) 임대차계약 : [기술 vs 경제 vs 법률]

(798) 물리적, 기능적 흠을 사전적으로 처리
⋯→ [예방적 vs 대응적] 유지관리

## 부동산 관리방식

(799) 전통적 방식, 소규모
→ [자가 vs 위탁]관리

(800) 지휘 통제력 강화
→ [자가 vs 위탁]관리

(801) 전문성 강화
→ [자가 vs 위탁]관리

(802) 관리의 타성화 문제
→[자가 vs 위탁]

(803) 기밀유지 및 보안관리가 유리
→ [자가 vs 위탁]관리

(804) 기밀유지 및 보안관리가 불리
→ [자가 vs 위탁]관리

(805) 업무행위의 안일화
→ [자가 vs 위탁]관리

(806) 필요부분의 선별위탁
→ [위탁 vs 혼합]

(807) 혼합관리 :
자가→위탁의 과도기에 [유리 vs 불리]

(808) 혼합관리의 책임소재
→ [분명 vs 불분명]한 편

(809) 대형건물 관리유리 → [자가 vs 위탁]

## 부동산 마케팅

### 전략의 구분

(810) 마케팅 전략의 구성
→ [      ]점유, [      ]점유, 관계마케팅

(811) 고객과의 장기적·지속적 관계관리
→ [시장점유 vs 관계] 마케팅

(812) 소비자의 구매의사결정과정을 연구
→ [시장점유 vs 고객점유 vs 관계마케팅]

(813) 고객의 구매심리를 자극
→ [시장점유 vs 고객점유] 마케팅

(814) 표적시장, 틈새시장점유
→ [시장점유 vs 고객점유] 마케팅

(815) STP, 4P mix : [시장 vs 고객]점유

(816) AIDA : [시장 vs 고객]점유전략

(817) CRM : [고객점유 vs 관계마케팅]전략

### 시장점유마케팅

(818) 시장점유전략 : [수요자 vs 공급자]측면

(819) STP : 세분화(S), 표적시장(T)
P : [positioning vs promotion]

(820) 수요자 집단을 세분·구분
→ [시장세분화 vs 목표시장 선정]

(821) 수요자를 동질적 소집단으로 구분
→ [세분화 vs 표적시장 vs 포지셔닝]

(822) 가장 자신있는 집단을 찾아냄
→ [시장세분화 vs 목표시장 선정]

(823) 브랜드를 고급스런 이미지로 각인
→ [세분화 vs 표적시장 vs 포지셔닝]

(824) 제품개념 잡고 소비자 지각속에 위치
→ [세분화 vs 표적시장 vs 포지셔닝]

(825) 마케팅에 관련된 여러 요소들의 집합
→ 5글자 [                    ]

(826) 마케팅의 4P mix를 영어로?
product, price, place, [          ]

(827) 마케팅의 4P mix를 한국말로?
제품, 가격, 유통경로, [          ]

(828) 추첨을 통해 자동차를 경품으로 제공
→ [Product vs Promotion vs Place]

(829) 경쟁사의 가격을 추종(追從)
　　　→ [신축가격 vs 시가정책]

(830) 방위, 층별로 다른가격으로 적용
　　　→ [시가정책 vs 신축가격]

(831) 커뮤니티 시설에 골프연습장 설치
　　　→ [Product vs Promotion vs Place]

(832) 인적판매
　　　→ [Product, Price, Place, Promotion]

(833) 중개업소, 분양대행사를 통한 분양
　　　→ [Product vs Promotion vs Place]

(834) 대충 매체를 통한 홍보전략
　　　→[product, price, place, promotion]

(835) 표적시장을 강하게 자극 · 유인
　　　→[Product, Price, Place, Promotion]

(836) 빠른 자금회수 / 구매력 낮은 수요자
　　　공략 → [고가 vs 저가] 전략이 유리

### 기타 마케팅

(837) AIDA의 의미는?
　　　→ Attention (주의)
　　　→ Interest (관심)
　　　→ [　　　　　　　]
　　　→ Action (행동)

(838) SNS, 블로그 등을 통한 입소문 전략?
　　　→ [　　　　　]마케팅

(839) 실용적, 장식적 물건을 활용한 광고?
　　　→ [　　　　　]광고

(840) 상품이 가지는 특징 중
　　　고객의 욕망을 만족시켜주는 특징
　　　→ [　　　　　]포인트

# PART8. 감정평가론

## 가격(Price) vs 가치(Value)

(841) 특정 부동산에 대한 교환의 대가
　　　→ [가격 vs 가치]

(842) 장래 기대되는 이익의 현재가치
　　　→ [가격 vs 가치]

(843) 가격은 [과거 vs 현재]의 값이며
　　　가치는 [과거 vs 현재]의 값이다.

(844) 가치는 [주관적 vs 객관적] 이다.

(845) 가치는 [하나다 vs 여러개이다]

(846) 가치와 가격은
　　　→ [단기 vs 장기]괴리
　　　→ [단기 vs 장기]일치

(847) 감정평가는
　　　→ [　　　　　　]가치를 기준으로 함

## 지역분석 vs 개별분석

(848) 지역분석 : [부동성 vs 부증성]관련

(849) 지역분석 : [표준적 vs 최유효]이용

(850) 지역분석 : [구체적 가격 vs 가격수준]

(851) 지역분석 대상지역
　　　→ 인근 + 유사 + [　　　　　　]

(852) 개별분석 : [표준적 vs 최유효]이용

(853) 개별분석 : [가격수준 vs 구체적 가격]

(854) 지역분석은 [선행 vs 후행]분석이고
　　　개별분석은 [선행 vs 후행]분석이다.

(855) 미시적 분석 : [지역 vs 개별]분석

(856) 거시적 분석 : [지역 vs 개별]분석

(857) 지역분석 : [적합 vs 균형]의 원칙관련

(858) 개별분석 : [적합 vs 균형]의 원칙관련

(859) 지역분석 : [경제적 vs 기능적]감가

## 부동산 가격제원칙

(860) 물리적 채택가능성
→ 합리적·합법적 최고최선
→ [              ]의 원칙

(861) 변동의 원칙 : 끊임없는 가격변동
→ [              ]이 중시됨

(862) 가격 : 장래수익의 영향
→ [              ]의 원칙

(863) 예측의 원칙 : 장래수익으로 평가
→ 감정평가 기법중 [              ]법

(864) 예측의 원칙 : 장래수익의 현가화
→ [가격 vs 가치]의 개념

(865) 예측의 원칙 : 장래성
→ [부동성 vs 영속성] 관련

(866) A가격은 유사부동산인 B와 연관됨
→ [대체 vs 예측]의 원칙

(867) 대체의 원칙 : A가격과 B가격의 비교
→ [수익환원법 vs 거래사례비교법]

## 적합 vs 균형의 원칙

(868) 인근 환경과의 영향을 고려
→ [적합 vs 균형]의 원칙

(869) 외부, 지역, 주변시장을 고려
→ [적합 vs 균형]의 원칙

(870) 생산요소간의 투입비율을 중시
→ [적합 vs 균형]의 원칙

(871) 내부 구성요소간의 조화
→ [적합 vs 균형]의 원칙

(872) 설계, 설비, 디자인간의 조화
→ [적합 vs 균형]의 원칙

(873) 천정높이를 과대개량‖냉난방비 과다
→ [균형 vs 적합]의 원칙에 위배

(874) 부지선택을 위한 지역분석을 실시
→ [균형 vs 적합]의 원칙을 판단

(875) 서민 지역에 어울리지 않는 고급주택
⋯→ [적합 vs 균형]의 원칙에 위배

(876) 적합의 원칙을 판단
→ [지역 vs 개별]분석을 판단

(877) 적합의 원칙에 위배
→ [경제 vs 기능]적 감가

(878) 균형의 원칙에 위배
→ [경제 vs 기능]적 감가

## 감정평가의 3면성, 3방식, 시산가액

(879) 3면성
→[비용 vs 비교]성, 시장성, 수익성

(880) 원가방식
→ [비용성 vs 시장성 vs 수익성]

(881) 비교방식
→ [비용성 vs 시장성 vs 수익성]

## 3방식의 가액과 이름명칭

(882) 원가방식으로 가격 : [원가 vs 적산]법

(883) 원가방식으로 임료 : [원가 vs 적산]법

(884) 원가법의 가액 : [적산 vs 비준]가액

(885) 적산법의 임료 : [적산 vs 비준]임료

(886) 비교방식으로 가격산정
→ 거래사례[기준 vs 비교]법

(887) 비교방식 토지가격
→ 공시지가[기준 vs 비교]법

(888) 비교방식으로 산정한 가액
→ [적산 vs 비준 vs 수익]가액

(889) 비교방식으로 임대료 산정
→ [거래 vs 임대]사례비교법

(890) 수익방식으로 가격을 구하는 방법
→ 수익 [환원 vs 분석]법

(891) 수익분석법
→ [가액 vs 임대료]를 구하는 방법

## 법령상 3방식

(892) 적산가액
→ [          ]원가 - 감가누적액

(893) 비준가액
= 거래사례가액
× [          ]
× 시점수정
× 가치형성요인비교

(894) 수익가액
→ 순영업소득 ÷ [기대 vs 환원]이율

(895) 적산임료
→ [    ]가액 × [    ]이율 + 필요경비

(896) [    ]임료
= 임대사례가액
× 사정보정치
× 시점수정치
× 가치형성요인비교

(897) 순수익 + 필요경비 : 수익임료 산정
→ 수익[환원 vs 분석]법

## 시산가액 관련

(898) 적산가액, 비준가액, 수익가액
→ [최종평가액 vs 시산가액]이라고 함

(899) 가격의 3면성
→ 등가성 [성립 vs 불성립]

(900) 시산가액의 상호격차를 줄이는 작업
→ 시산가액의 [          ]이라고 함

(901) 시산가액 조정
→ [산술평균 vs 가중치를 두어 평균]

## 원가방식

### 원가법

(902) 원가법
→ 재조달원가에 [          ]하여 가액

(903) 재조달원가
→ [취득시점 vs 기준시점] 기준

(904) 재조달원가
→ [자가 vs 도급]건설

(905) 재조달원가
→ 수급이윤 [포함 vs 불포함]

(906) 감가수정의 감가요인
→ 물리적, [    ]적, [    ]적 감가

(907) 설비, 설계, 형의 구식화
→ [기능적 vs 경제적]감가

(908) 환경, 지역, 시장의 문제
→ [기능적 vs 경제적]감가

(909) 감가수정 : 감가요인을
→ 재조달원가에서 [합산 vs 공제]

(910) 감가수정방법
→ [          ]법, 관찰감가법, 분해법

(911) 감가수정방법중 내용연수의 의미?
→ [물리적 vs 경제적] 내용연수 기준

(912) 내용연수에 의한 감가수정
　　→ 정액법, 정률법, [　　　　　　]

(913) 직선법, 균등상각법
　　→ [정액법 vs 정률법]

(914) 정률법
　　→ 매년 감가율 [증가, 감소, 일정]

(915) 정률법
　　→ 매년 감가액 [증가, 감소, 일정]

(916) 정률법
　　→ 초기 감가액이 매우 [큼 vs 작음]

(917) 상환기금법
　　→ [　　　　　　]를 고려하여 감가계산

## 거래사례의 정상화

(918) 거래시점지수: 100
　　기준시점지수: 135
　　→ 보정치는? [　　　　　　]

(919) 1년 동안의 지가변동률이 7%
　　→ 보정치는? [　　　　　　]

(920) 사례부동산이 정상대비 20% 저가
　　→ 보정치는? [　　　　　　]

(921) 대상부동산이 지역적으로 10% 우세
　　→ 보정치는? [　　　　　　]

(922) 사례부동산의 개별요인이 5% 열세
　　→ 보정치는? [　　　　　　]

(923) 사례면적 100 ‖ 대상면적 110이라면
　　→ 면적보정치는? [　　　　　　]

## 공시지가기준법

(924) 공시지가기준법
　　→ [표준지 vs 개별]공시기준

(925) 공시지가기준법 : 비교표준지 기준
　　→ [　　　　], 지역, 개별, 기타비교

(926) 표준지
　　→ [인근 vs 유사]지역내 선정원칙

(927) 시점수정시 인근지역의 지가변동률을
　　적용하는 것이 적절치 않으면?
　　→ [통계청 vs 한국은행]의
　　　　생산자물가상승률 적용

(928) 토지를 평가할 때
　　→ 적정한 실거래가 기준 [가능 vs 불가]

(929) 적정한 실거래가
　　→ 도시지역 [　　]년내
　　→ 그 밖 [　　]년내 신고가

## 수익환원법의 환원이율

(930) 자본환원율
　　→ 기회비용 및 투자위험반영 [○,×]

(931) 금리상승
　　→ 자본환원율 [상승 vs 하락]

(932) 위험증가
　　→ 자본환원율 [상승 vs 하락]

(933) 자본환원율의 상승
　　→ 자산가치 [상승 vs 하락]

(934) 환원이율 산정방법
　　→ 시장추출법, 조성법, [　　　　]법,
　　　　엘우드법, 부채감당법

(935) 토지환원이율 : 5%, 토지비중 : 60%
　　건물환원이율 : 10%, 건물비중 : 40%
　　→ 환원이율 = ? [　　　　　　]%

(936) 부채감당법에 따른 환원이율?
　　저당상수
　　× 부채감당률
　　× [　　　　　　]

## 감정평가에 관한 규칙

### 용어

(937) 통상적, 충분한, 정통한, 자발적 가치
[정상가치 vs 시장가치 vs 경제적 가치]

(938) 감정평가의 기준이 되는 가치
→ [              ]가치

(939) 감정평가의 기준이 되는 날짜
→ [              ]

(940) 가치형성요인
→ [시장 vs 경제적]가치에 영향을
주는 일반, 지역, 개별요인을 의미

(941) 인근지역
→ [속한 vs 속하지 않은] 지역

(942) 인근지역
→ [지역 vs 개별]요인을 공유

(943) 대상 부동산과 대체·경쟁성립,
가치형성에 영향을 미치는 다른 부동
산이 존재하는 권역은? [              ]

(944) 동일수급권에는
인근지역, 유사지역 [포함 vs 제외]

### 3방식

(945) [원가법 vs 적산법]이란
재조달원가에 감가수정하여 가액산정

(946) 기초가액 × 기대이율 + 필요제경비
→ [원가 vs 적산]법

(947) 거래사례비교법이란 거래사례와 비교
하여 [    ]보정, [    ]수정, 가치형
성요인 비교 등을 통해 가액산정

(948) 토지가격 산정시,
[공시지가비교법 vs 공시지가기준법]

(949) 공시지가기준법
→ 비교방식 [이다 vs 아니다]

(950) 공시지가기준법
→ [개별 vs 표준지]공시지가 기준

(951) 수익환원법
→ 순수익 및 미래의 [    ]을
→ 환원하거나 [    ]하여
→ 가액을 산정

(952) 수익[    ]법의 수익임료 산정
→ 순수익 + 필요제경비

### 법령6조-

(953) 감정평가 : [    ]가치 기준원칙

(954) 감정평가시 시장가치외 가치를
기준으로 할 수 [있다 vs 없다]

(955) 감정평가
→ [현황 vs 조건부]평가원칙

(956) 감정평가
→ 공법상 제한을 [받는 vs 받지 않는]

(957) 실제와 다르게 가정, 한정하는
조건을 붙여 평가할 수 [있다 vs 없다]

(958) 두 개 이상의 물건을
일체거래, 용도상 불가분
→ [일괄 vs 구분 vs 부분] 평가

(959) 일체로 이용하고 있는 일부분 평가
→ [일괄 vs 구분 vs 부분] 평가

(960) 하나의 물건이라도 가치를 달리?
→ [일괄 vs 구분 vs 부분] 평가

(961) 기준시점은?
→ 가격조사 [개시 vs 완료]일

(962) 감정평가는 전문가에 대한 자문을 거
쳐 감정평가할 수 [있음 vs 없음]

(963) 감정평가의 실지조사는
→ 생략할 수 [있다 vs 없다]

## 물건별 평가

(964) 토지평가의 원칙
[원가법 vs 공시지가기준법]

(965) 적정한 실거래가 기준의 토지평가
[공시지가기준법 vs 거래사례비교법]

(966) 건물의 평가
[원가법 vs 거래사례비교법]

(967) 임대료의 평가
[적산법 vs 임대사례비교법]

(968) 저작권의 평가
[수익환원법 vs 거래사례비교법]

(969) 과수원의 평가
[거래사례비교법 vs 수익환원법]

(970) 특허권의 평가
[수익환원법 vs 거래사례비교법]

(971) 광업재단의 평가
[거래사례비교법 vs 수익환원법]

(972) 자동차의 평가
[원가법 vs 거래사례비교법]

(973) 입목의 평가
[원가법 vs 거래사례비교법]

## 가격공시제도

(974) 가격공시 : [        ]가격을 공시

(975) 개별적 토지평가시 기준?
→ [표준지 vs 개별]공시지가

(976) 표준지 공시지가 **의뢰**?
→ [둘 이상 법인 vs 한국부동산원]

(977) 표준주택 가격 의뢰?
→ [둘 이상 법인 vs 한국부동산원]

(978) 표준지 가격 **이의신청**? [30일내]
→ [국토부장관 vs 시장군수구청장]

(979) 개별공시지가 **이의신청**? [30일내]
→ [국토부장관 vs 시장군수구청장]

(980) 표준지 선정시, 개별공시지가는
→ 생략할 수 [있다 vs 없다]

(981) 부담금 부과대상이 아니면
개별공시지가 생략 [가능 vs 불가]

(982) 국세 부과대상이 아니면
개별공시지가 생략 [가능 vs 불가]

(983) 표준지 공시지가
→ 주변토지이용상황[포함 vs 불포함]

(984) 토지가격비준표는
[표준지 vs 개별]공시지가를 기준으로!

(985) 토지가격비준표는 누가 만드나?
[국토교통부장관 vs 시군구청장]

(986) 시군구청장이 개별공시지가 결정시
→ [        표]를 활용

(987) 재산세 과세표준
→ [표준지 vs 개별]공시지가 기준

(988) (개발)부담금의 부과기준
→ [표준지 vs 개별]공시지가 기준

(989) 환지·체비지의 매각
→ [표준지 vs 개별] 공시지가 기준

(990) 수용·사용에 대한 보상
→ [표준지공시지가 vs 개별공시지가]

(991) 단독주택가격은 표준단독주택과
개별단독주택으로 구분? [○, ×]

(992) 공동주택가격은 표준공동주택과
개별공동주택으로 구분? [○, ×]

(993) 국토부장관은 [단독 vs 공동]주택
　　　→ 중에서 표준주택을 선정

(994) 국토부장관은 표준주택에 대해
　　　[중앙 vs 시군구]가격공시위원회 심의

(995) 표준주택가격은
　　　→개별[주택가격 vs 공시지가]의 기준

(996) 표준주택으로 선정된 주택은
　　　개별주택가격 공시를 생략할 수 [○, ×]

(997) 공동주택가격은 누구에게 이의신청?
　　　[국토교통부장관 vs 시군구청장]

(998) 단독주택의 과세표준
　　　→ [표준 vs 개별]주택가격

(999) 공동주택 과세표준
　　　→ [　　　　　]주택가격 기준

(1000) 이 천지문을 무한반복한다면
　　　　난 올해 합격할 수 [있다 vs 없다]

천지문 정답

(1) 서비스
(2) 관리
(3) 임대 및 공급업
(4) 안 된다
(5) 기술적(물리적)
(6) 기술적
(7) 위치, 환경
(8) 경제적
(9) 기술적
(10) 기술적
(11) ×
(12) ○
(13) ○, ○
(14) 협의, 광의
(15) 민법
(16) 정착물
(17) 사용, 수익, 처분
(18) 상하
(19) 등기
(20) 종속, 독립
(21) 종속
(22) 종속정착물
(23) 독립정착물
(24) 독립정착물
(25) 독립
(26) 되지 않는다
(27) 동산
(28) 준(의제)
(29) 등기, 등록
(30) 준(의제)
(31) 넓은
(32) 법률적
(33) 복합부동산
(34) 구거
(35) 택지
(36) 부지
(37) 후보
(38) 이행
(39) 빈지
(40) 법지
(41) 선하지
(42) 필지
(43) 획지
(44) 공지
(45) 공지
(46) ×, ×, ○
(47) 〉 (나지가 높게)
(48) 맹지
(49) 소지
(50) 포락지
(51) 포락지
(52) 소지
(53) 표준지
(54) 표본지
(55) 휴한지
(56) 3, 660
(57) 3, 이하
(58) 4, 이하
(59) 4, 초과
(60) 기숙사
(61) 다중주택
(62) 300
(63) 리모델링
(64) 동
(65) 개별
(66) 부증
(67) 개별성
(68) 영속
(69) 부동
(70) 부증
(71) 부동
(72) 영속
(73) 부동
(74) 영속
(75) 부동
(76) 부동
(77) 개별성
(78) 부증(희소)
(79) 부동
(80) 부증
(81) 영속
(82) 영속성
(83) 물리적
(84) 물리적
(85) 가능
(86) 예외X
(87) 배제
(88) 있다
(89) 구매하고자 하는
(90) 매도하고자 하는
(91) 유효
(92) 유량
(93) 저량
(94) 유량
(95) 저량
(96) 저량
(97) 유량
(98) 저량
(99) 수요함수
(100) 반
(101) 증가

(102) 수평적

(103) 1

(104) 곡선상

(105) 곡선자체

(106) 곡선자체

(107) 곡선자체

(108) 수요

(109) ×

(110) 좌

(111) 감소

(112) 우

(113) 좌

(114) 감소

(115) 우측

(116) 좌측

(117) 상승

(118) 좌측

(119) 우측

(120) 감소

(121) 상승

(122) 감소

(123) 증가, 상승

(124) 증가

(125) 상승, 감소

(126) 상승, 증가

(127) 하락, 증가

(128) 하락, 감소

(129) 상승, 증가

(130) 불변, 감소

(131) 가격, 수요량

(132) 완전비탄력

(133) 〉

(134) 비탄력적

(135) 1 (1.0)

(136) 〈

(137) 무한대로 변화

(138) 완전비탄력적

(139) 크다, 탄력적

(140) 완전비탄력적

(141) 완전탄력적

(142) 완전탄력적

(143) 8% 감소

(144) 작아진다

(145) 비탄력

(146) 탄력적

(147) 탄력

(148) 탄력

(149) 커짐

(150) 작아짐

(151) 완만

(152) 커진다

(153) 증가

(154) 하락

(155) 불변

(156) 소득, 수요량

(157) A가격, B수요량

(158) 0.5, 대체재

(159) −0.5, 보완재

(160) 불가

(161) 비탄력

(162) 0

(163) 수직

(164) 가능

(165) 가능

(166) 우상향

(167) 비탄력, 탄력적

(168) 불변, 증가

(169) 상승, 불변

(170) 작게

(171) 크게

(172) 비탄력적

(173) 상향, 후퇴

(174) 상향

(175) 계절적

(176) 불규칙

(177) 긴

(178) 깊고, 높은

(179) 큰

(180) 일정하지 않은,
　　　불분명한

(181) 다른

(182) 매도자, 하한선

(183) 매수자, 상한선

(184) 매수자, 상한선

(185) ○

(186) 시차존재

(187) 동태적

(188) 즉각, 일정기간 후

(189) 수렴

(190) 수렴

(191) 발산

(192) 순환

(193) 존재함

(194) 소수

(195) 비대칭성

(196) 국지

(197) 다른

(198) 어려운

(199) 큰

(200) 비공개성

(201) 비대칭

(202) 어려움

(203) 비가역성

(204) 제한

(205) 이동

(206) 하향

(207) 상향

(208) 공가

(209) 개선

(210) 증가

(211) 주거분리

(212) 소득

(213) 정, 부

(214) 할인

(215) 할증

(216) 할인

(217) 하향

(218) 정보

(219) ○, ×

(220) ○, ○

(221) 없다

(222) 없다

(223) 있다

(224) 없다

(225) 없는

(226) 있다

(227) 할당효율적이지 못하기

(228) 리카도

(229) 마르크스

(230) 튀넨

(231) 튀넨

(232) 튀넨

(233) 알론소

(234) 마샬

(235) 파레토

(236) 헤이그

(237) 없다

(238) ○

(239) 잉여다

(240) 발생한다

(241) 있다

(242) 집약

(243) 증가, 낮아짐

(244) 반

(245) 수송비

(246) 최대

(247) 0

(248) 최대

(249) 높은

(250) 포락

(251) 하

(252) 기계, 기구

(253) 영구적이지 않다

(254) 전용수입

(255) 잉여(이윤)

(256) 전용수입

(257) 커짐

(258) 커지고, 낮아짐

(259) 베버

(260) 베버

(261) 뢰쉬

(262) 크리스탈러

(263) 크리스탈러

(264) 크리스탈러

(265) 레일리

(266) 컨버스

(267) 허프

(268) 넬슨

(269) 최소, 최소, 최대

(270) 무게, 거리

(271) 원료

(272) 원료

(273) 시장

(274) 원료

(275) 운송비

(276) 중심지

(277) 최소요구치

(278) 도달범위

(279) 0

(280) 〉

(281) 비례, 반비례

(282) 작은

(283) 허프

(284) 마찰계수승

(285) 교통

(286) 커짐

(287) 작은 편

(288) 호이트

(289) 해리스와 울만

(290) 버제스

(291) 호이트

(292) 버제스

(293) 단핵, 다핵

(294) 천이(점이)

(295) 근로자(저소득층)

(296) 가깝게

(297) 개선

(298) 바깥

(299) 집중

(300) 집적

(301) 양립

(302) 비양립

(303) 분산

(304) 질적

(305) P, R
(306) 상환능력
(307) 어려움
(308) 불완전
(309) 이질성
(310) 비대칭
(311) 과소
(312) 비경합성
(313) 비배제성
(314) 무임승차
(315) 이하
(316) 제3자
(317) 의도하지 않은
(318) 통하지 않은
(319) 이루어지지 않은
(320) 사적, 사회적
(321) 사회적, 사적
(322) 과소
(323) 과잉
(324) NIMBY
(325) 상승
(326) 직접
(327) 간접
(328) 간접
(329) 간접
(330) 간접
(331) 간접
(332) 직접
(333) 간접
(334) 직접
(335) 지역지구제
(336) 용도지역
(337) 개발권양도제
(338) 기본

(339) 공공토지비축
(340) 토지적성평가
(341) 개발부담금제
(342) 도시, 관리
(343) 녹지
(344) 전용, 일반, 준
(345) 2종, 전용
(346) 개발제한구역
(347) 불가
(348) 가능
(349) 가능
(350) 지구단위
(351) LH
(352) 협의매수
(353) LH
(354) 정상지가
(355) 토지
(356) 주택
(357) 재건축 초과이익환수~
(358) 계약체결일, 30
(359) 시장·군수·구청장
(360) 협의매수
(361) 실시
(362) 미실시
(363) 실시
(364) 실시
(365) 미실시
(366) 실시
(367) 실시
(368) 미실시
(369) 실시
(370) 미실시
(371) 전월세
(372) 낮

(373) 수요
(374) 어려워짐
(375) 제한
(376) 저하
(377) 하락
(378) 감소
(379) 소비자, 생산자
(380) 주택 바우처
(381) 증가
(382) 생산자
(383) 증가
(384) 소비자, 용이해짐
(385) 어려워짐
(386) 불가
(387) 영구
(388) 장기전세주택
(389) 행복
(390) 전세임대
(391) 통합
(392) 민간임대주택특별법
(393) 10
(394) O
(395) 위축
(396) 적용
(397) 미적용
(398) O
(399) 가능
(400) 후분양
(401) 선분양
(402) 선분양
(403) 선분양
(404) 후분양
(405) 취득, 지방세
(406) 보유, 지방세

(407) 보유, 국세

(408) 처분, 국세

(409) 보유

(410) 취득, 국세

(411) 국세

(412) 지방세

(413) 귀착

(414) 공급자

(415) 수요자

(416) 수요자

(417) 수요자

(418) 길어짐

(419) 동결

(420) 감소, 상승

(421) 방어

(422) 영속성

(423) 이자

(424) 낮

(425) 자기

(426) 전세

(427) 정

(428) 정

(429) 정

(430) 중립

(431) 중립

(432) 커

(433) 없다

(434) 변이계수

(435) 작음

(436) 작은

(437) 사업상

(438) 금융적 위험

(439) 인플레이션 위험

(440) 변동

(441) 유동성

(442) 기대

(443) 요구수익률

(444) 실현

(445) 기대

(446) 기회비용

(447) 무위험률

(448) 하락

(449) 증가

(450) 프리미엄

(451) 상승

(452) 증가

(453) 채택, ○

(454) 채택

(455) ×

(456) 회피

(457) 전가

(458) 전가

(459) 하향

(460) 높은

(461) 더함

(462) 상향

(463) 민감도(감응도)

(464) 평균, 분산

(465) 높을, 낮을

(466) A

(467) 최고(최대)

(468) 최저

(469) 상

(470) 무차별곡선

(471) 급함

(472) 접

(473) 체계, 비체계

(474) 비체계적

(475) 비체계

(476) 체계

(477) 비체계적

(478) 없다

(479) 증가

(480) 반대

(481) 극대화

(482) 없음

(483) 있다

(484) 음

(485) 작게

(486) 반대

(487) 양, 작아짐

(488) 가중평균

(489) 복리

(490) 미래

(491) 현재가치

(492) 일시불 내가

(493) 연금 현가계수

(494) 일시불 현가

(495) 연금의 내가

(496) ↓

(497) 원리금균등

(498) 저당상수

(499) 감채기금계수

(500) 감채기금계수

(501) 현가계수

(502) 연금의 현가계수

(503) 1

(504) 소득, 자본

(505) 가능(잠재)

(506) − , +

(507) 차감

(508) 포함

(509) 포함
(510) 필요
(511) 불포함
(512) 불포함
(513) 필요
(514) 차감
(515) 원리금
(516) 지분
(517) 차감
(518) 지분
(519) 자본이득
(520) 필요
　　　필요
　　　불필요
　　　불필요
(521) 비할인법
(522) 할인법
(523) 할인법
(524) 비할인법
(525) 비할인법
(526) 비할인법
(527) 할인법
(528) 현재
(529) 반영
(530) 입, 출
(531) 요구수익률
(532) 요구수익률
(533) 성립
(534) 0
(535) 입, 출
(536) 출, 입
(537) 1
(538) 1
(539) 현가, 현가

(540) ×
(541) 1
(542) 내부수익률
(543) 요구
(544) × (기각)
(545) 요구, 내부
(546) 다르다
(547) 순현가
(548) 있다
(549) ×
(550) 회수기간
(551) 길어
(552) 총
(553) 총
(554) 지분
(555) 총
(556) 지분
(557) 종합자본환원율
(558) 2.5억
(559) 부동산가치(총투자액)
(560) 지분
(561) 부채, 자본
(562) 산
(563) 100%
(564) 400%
(565) 25%
(566) 100%
(567) 상업
(568) 부채서비스
(569) 충분
(570) 부족
(571) 상향
(572) 가능
(573) 유효총소득

(574) 비할인법
(575) 하지않고
(576) 〉
(577) 〈
(578) 단기
(579) 현가
(580) 소비
(581) 소비
(582) 개발
(583) 불가
(584) 지분
(585) 부채
(586) 지분
(587) 메자닌
(588) 지분
(589) 부채
(590) 메자닌
(591) 부채
(592) 메자닌
(593) 금융규제
(594) DTI
(595) DSR
(596) 높
(597) 상향
(598) 하향
(599) 1억 5000만원
(600) 고정금리
(601) 조기상환 고려
(602) 금리하락
(603) 기존대출 유지
(604) 수익률 악화
(605) 불리, 유리
(606) 고정금리
(607) 높은

(608) 기준
(609) COFIX
(610) 기준
(611) 상승
(612) 변동
(613) 대출자
(614) 차입자, 낮은
(615) 대출자, 차입자
(616) 감소
(617) 증가
(618) 감소, 증가
(619) 이자, 증가
(620) 저당상수
(621) 점증식
(622) 증가
(623) 〉
(624) 〉
(625) 〈
(626) 〈
(627) 〈
(628) 큰
(629) 회수
(630) 원금균등상환
(631) 만기일시상환
(632) 연금
(633) 증가
(634) 주택금융공사
(635) 55
(636) 불포함
(637) 있다
(638) 가능
(639) ×
(640) 미청구
(641) 한다

(642) 사업성
(643) 프로젝트 자체
(644) 특수법인
(645) 표시되지 않음
(646) 원사업시행자
(647) ×, 비소구
(648) 있다
(649) 위탁계좌에 위탁
(650) 에스크로(escrow)
(651) 있다
(652) 가능
(653) 후
(654) 불가, 담보신탁
(655) 높
(656) 반영
(657) 하락
(658) 지분금융
(659) 가능
(660) 간접
(661) 가능
(662) 있음
(663) 실체
(664) 자기관리
(665) 직접
(666) 자산관리회사에 위탁
(667) 자산관리회사에 위탁
(668) 불가
(669) 5억
(670) 3억
(671) 70
(672) 50
(673) 불가
(674) 없다
(675) 5, 3

(676) 있다
(677) 50%
(678) 확대
(679) 증가
(680) 증가
(681) 감소
(682) 1차
(683) 2차
(684) 2차
(685) 1차
(686) 2차
(687) 2차
(688) HF
(689) 한국주택금융공사
(690) 지분형
(691) 투자자
(692) 투자자
(693) 투자자
(694) 불인정
(695) 제공하지 않는다
(696) 채권형
(697) 발행자
(698) 발행자
(699) 발행자
(700) 갖지 못한다
(701) 부담하지 않는다
(702) 인정
(703) 제공한다
(704) MPTB
(705) 발행자
(706) 투자자
(707) 투자자
(708) CMO
(709) 발행자

(710) 투자자

(711) 투자자

(712) 다름

(713) 제외

(714) 제 3

(715) 예비적, 타당성분석

(716) 예비적 타당성

(717) 타당성

(718) 법률적

(719) 사법, 공법

(720) 법률적

(721) 작아짐

(722) 없는

(723) 없는

(724) 없는

(725) 불가

(726) 있는

(727) 긍정

(728) 긍정

(729) 긍정

(730) 긍정

(731) 부정

(732) 긍정

(733) 부정

(734) 부정

(735) 부정

(736) 시장성

(737) 지역경제

(738) 지역경제

(739) 시장

(740) 세분화

(741) 세분화

(742) 시장성

(743) 시장성

(744) 흡수율

(745) 장래예측

(746) 민감도

(747) 민감도

(748) 혼용

(749) 신개발

(750) 재분배

(751) 환지

(752) 보류지

(753) 체비지

(754) 혼용

(755) 주거환경개선

(756) 재개발

(757) 재건축

(758) 주거환경개선

(759) 재개발

(760) 토지신탁

(761) 불가

(762) 등가교환

(763) 등가교환

(764) 등가교환

(765) 유지

(766) 이전

(767) 위탁자

(768) 수탁자

(769) 수탁자

(770) 수익자

(771) 신탁수익자

(772) 신탁자

(773) 수수료

(774) ○

(775) 담보

(776) 컨소시엄

(777) 가능

(778) ○

(779) BOT

(780) BLT

(781) BOO

(782) BTL

(783) BTL

(784) BTO

(785) $30 \times 170 \div 80 \div 80$

(786) 시설, 기술

(787) 기술

(788) 기술

(789) 시설

(790) 기술적

(791) 기술

(792) 자산

(793) 자산

(794) 경제

(795) 자산

(796) 경제

(797) 법률

(798) 예방적

(799) 자가

(800) 자가

(801) 위탁

(802) 자가

(803) 자가

(804) 위탁

(805) 자가

(806) 혼합

(807) 유리

(808) 불분명

(809) 위탁

(810) 시장, 고객

(811) 관계

제35회 공인중개사 시험대비 **전면개정판**

# 2024 박문각 공인중개사
# 이영섭 부동산학개론 천지문

**초판인쇄** | 2024. 6. 10.　**초판발행** | 2024. 6. 15.　**편저** | 이영섭 편저
**발행인** | 박 용　**발행처** | (주)박문각출판　**등록** | 2015년 4월 29일 제2019-000137호
**주소** | 06654 서울시 서초구 효령로 283 서경빌딩 4층　**팩스** | (02)584-2927
**전화** | 교재 주문 (02)6466-7202, 동영상문의 (02)6466-7201

저자와의
협의하에
인지생략

정가 5,000원

ISBN 979-11-7262-089-9

(812) 고객점유
(813) 고객점유
(814) 시장점유
(815) 시장
(816) 고객
(817) 관계마케팅
(818) 공급자
(819) Positioning
(820) 시장세분화
(821) 세분화
(822) 목표시장 선정
(823) 포지셔닝
(824) 포지셔닝
(825) 마케팅믹스
(826) promotion
(827) 판촉(촉진전략)
(828) promotion
(829) 시가정책
(830) 신축가격
(831) product
(832) promotion
(833) place
(834) promotion
(835) promotion
(836) 저가
(837) Desire
(838) 바이럴
(839) 노벨티
(840) 셀링
(841) 가격
(842) 가치
(843) 과거, 현재
(844) 주관적
(845) 여러개이다

(846) 단기, 장기
(847) 시장
(848) 부동성
(849) 표준적
(850) 가격수준
(851) 동일수급권
(852) 최유효
(853) 구체적 가격
(854) 선행, 후행
(855) 개별
(856) 지역
(857) 적합
(858) 균형
(859) 경제적
(860) 최유효이용
(861) 시점
(862) 예측
(863) 수익환원법
(864) 가치
(865) 영속성
(866) 대체
(867) 거래사례비교법
(868) 적합
(869) 적합
(870) 균형
(871) 균형
(872) 균형
(873) 균형
(874) 적합
(875) 적합
(876) 지역
(877) 경제
(878) 기능
(879) 비용

(880) 비용성ㄷ
(881) 시장성
(882) 원가
(883) 적산
(884) 적산
(885) 적산
(886) 비교
(887) 기준
(888) 비준
(889) 임대
(890) 환원
(891) 임대료
(892) 재조달
(893) 사정보정
(894) 환원
(895) 기초, 기대
(896) 비준
(897) 분석
(898) 시산가액
(899) 불성립
(900) 조정
(901) 가중치를 두어
(902) 감가수정
(903) 기준시점
(904) 도급
(905) 포함
(906) 기능, 경제
(907) 기능적
(908) 경제적
(909) 공제
(910) 내용연수
(911) 경제적
(912) 상환기금법
(913) 정액

(914) 일정

(915) 감소

(916) 큼

(917) 복리이자

(918) 1.35

(919) 1.07

(920) 1.25

(921) 1.1

(922) $\frac{100}{95}$

(923) 1.1

(924) 표준지

(925) 시점수정

(926) 인근

(927) 한국은행

(928) 가능

(929) 3, 5

(930) ○

(931) 상승

(932) 상승

(933) 하락

(934) 투자결합

(935) 7%

(936) 대부비율

(937) 시장가치

(938) 기준

(939) 기준시점

(940) 경제적

(941) 속한

(942) 지역

(943) 동일수급권

(944) 포함

(945) 원가법

(946) 적산

(947) 사정, 시점

(948) 공시지가기준법

(949) 이다

(950) 표준지

(951) 현금흐름, 할인

(952) 분석

(953) 시장

(954) 있다

(955) 현황

(956) 받는

(957) 있다

(958) 일괄

(959) 부분

(960) 구분

(961) 완료

(962) 있음

(963) 있다

(964) 공시지가기준법

(965) 거래사례비교법

(966) 원가법

(967) 임대사례비교법

(968) 수익환원법

(969) 거래사례비교법

(970) 수익환원법

(971) 수익환원법

(972) 거래사례비교법

(973) 거래사례비교법

(974) 적정

(975) 표준지

(976) 둘 이상 법인

(977) 한국부동산원

(978) 국토부장관

(979) 시장군수구청장

(980) 있다

(981) 가능

(982) 가능

(983) 포함

(984) 표준지

(985) 국토교통부장관

(986) 토지가격비준

(987) 개별

(988) 개별

(989) 표준지

(990) 표준지공시지가

(991) ○

(992) ×

(993) 단독

(994) 중앙

(995) 주택가격

(996) ○

(997) 국토교통부장관

(998) 개별

(999) 공동

(1000) 있다

있다

있다

제발있어라!